HINRICH E. BUES

Die Bettlerin Gottes

Wie eine Steirerin
Millionen für Afrika sammelte

EDITION MISSIO

Hinrich E. Bues

Die Bettlerin Gottes

Wie eine Steirerin Millionen für Afrika sammelte

Mit einem Interview von Anne Fleck

Edition Missio

Be+Be-Verlag: Heiligenkreuz 2022
ISBN 978-3-903602-59-5

Lektorat: Mag. Anne Fleck
Umschlag und Layout: AugstenGrafik

Be✛Be

© Be+Be-Verlag Heiligenkreuz im Wienerwald
www.bebeverlag.at

Direkter Vertrieb:
Be+Be-Verlag Heiligenkreuz, A-2532 Heiligenkreuz im Wienerwald
Tel. +43-2258-8703-400
www.klosterladen-heiligenkreuz.at, E-Mail: bestellung@klosterladen-heiligenkreuz.at

oder:

missio

Missio Österreich, A-1010 Wien, Seilerstätte 12/1
Tel.: +43-1-5137722
www.missio.at/shop, E-Mail: bestellung@missio.at

HINRICH E. BUES

Die Bettlerin Gottes

Wie eine Steirerin
Millionen für Afrika sammelte

EDITION MISSIO

Inhaltsverzeichnis

Statt eines Vorworts

TRAUDE SCHRÖTTNER
IM GESPRÄCH MIT ANNE FLECK

Anne: *Traude, du hast ein großes Werk aufgebaut. Kann jeder so was machen?*
Traude: Ja. Er muss nur um die Liebe zu den Armen bitten.

Anne: *Hast du mal gehadert mit diesem Werk?*
Traude: Natürlich. Das ist ja logisch. Der liebe Gott hat mich oft zappeln lassen. Ich habe mich bemüht und nichts ist gekommen. Erst im letzten Augenblick.

Anne: *Hast du ein Lieblingsprojekt?*
Traude: Ja. Mein Lieblingsprojekt waren die Witwenhäuser. Heute sind es eher Häuser für arme Familien.

Anne: *Hat dich dein Einsatz verändert?*
Traude: Gottes Vorsehung hat mich verändert. Ich habe gelernt, dass Er nur mein „Ja" will – nicht mein Geld (davon habe ich eh nicht viel). Ich muss nur ja sagen. Die Finanzierung übernimmt Er. Als ich das verstanden hatte, habe ich entscheiden, ich nehme jedes Projekt, das an mich herangetragen wird, lege es Gott hin und sage: „Sorge du!" So durfte ich teilhaben am Wirken Gottes. Ich habe gesehen, wie der Heilige Geist alle Rechnungen gezahlt hat. Dadurch habe ich eine lebendige Beziehung zum Vater gekriegt. Ich habe alles mit ihm besprochen und konnte dann auch zum größten Projekt – einer Kirche für 7.000 Menschen – ja sagen.

Nein habe ich nur einmal gesagt: Pater Ubald brauchte 42.000 Euro, um seine Kirche in Mushaka zu vergrößern. „Das geht nicht", war meine Antwort, „der Bischof braucht auch noch eine Kirche." Irgendwann hatte ich alles Geld für die Kirche des Bischofs überwiesen. Zu dem Zeitpunkt rief Pater Ubald an: „Traude, wir brauchen das Geld dringend." Ich erklärte ihm, dass ich es nicht schaffen würde. „Du musst machen das, der Heilige Geist will das", war seine Antwort. Pater Ubald hatte sich nämlich selbst Deutsch beigebracht. Danach hat er aufgelegt. In dem Moment ruft eine Freundin an, die ich bei einer Wallfahrt nach Schio in Norditalien kennengelernt hatte. Sie hatte mir von ihrem großen Anwesen erzählt, dass sie verkaufen wollte. Es hatte nie geklappt. Also hatte ich ihr geraten, sie solle den heiligen Josef bitten und ihm eine Spende versprechen. Sie hat es verkaufen können und die Spende vergessen. Bis sie unseren Jahresbericht gelesen hat und dastand, dass Pater Ubald 42.000 Euro brauchen würde. Sie hat mich angerufen, sie wolle mir das Geld geben. Bei ihrer Entscheidung dazu, habe sie sich gefreut wie selten zuvor. Als sie mir das erzählte, dachte ich, mein Herz zerspringt. Ich war damals gerade am Bügeln. Ich habe das Bügeleisen ausgemacht, bin in die Stadt geradelt und eine Weile nur gelaufen vor lauter Freude. Ich bin gar nicht mehr zur Ruhe gekommen. In dem Moment kam es mir wirklich so vor, als müsste mein Brustkorb größer werden, weil ich so eine Freude im Herzen hatte. Von da an habe ich nie wieder zu einem Projekt nein gesagt. Als Pater Ubald am Telefon auf die Nachricht über seine 42.000 Euro nur „Dankeschön" antwortete, habe ich gerufen: „Hallo?!" Aber er war unbeeindruckt: „Ich habe doch gebetet." Wir haben jedes Jahr ein Wunder erlebt.

Anne: *Ihr habt mit der beeindruckenden Franziskanerin Schwester Philomena ein Zentrum für Kinder mit Behinderung aufgebaut – kannst du darüber etwas sagen?*
Traude: Als wir das erste Mal zu ihr gekommen sind, hat sie uns ihre schwerstbehinderten Kinder vorgeführt. Und wir haben dann mithilfe der Missio angefangen das Therapiezentrum aufzubauen, damit diesen Kindern geholfen werden konnte – und ihren Müttern! Für die gab es auch Schlafmöglichkeiten. Diese Kinder sind aus Erdlöchern rausgeholt worden. Die Familien haben sie versteckt. Der kleine Francis wurde im Urwald ausgesetzt. Manche von ihnen lagen in ihrem eigenen Kot. Bei Schwester Philomena haben viele von ihnen

wieder gehen gelernt. Es hat angefangen mit einem Ort, der vom Krieg total zerstört war. Dort wollten sie etwas aufbauen für die Kindern, die sie „eingesammelt" hatten. Jetzt habe ich für 20 dieser Kinder Paten, die für sie aufkommen. Ein Bub hatte einen Elefantenfuß, der war vom Knie runter einfach nur ein Eiterbatzen, und einer hatte die Geschlechtsorgane nach innen gewendet. Beide wurden operiert und heute geht es ihnen sehr gut. Da hat auch Österreich geholfen, die Operation hat mich nichts gekostet. Das Krankenhaus in Linz hat das gratis gemacht. Sie wurden vom Primarius operiert. Wir mussten nur den Flug zahlen. Viele schwerstbehinderte Kinder konnten mit unserer Hilfe wieder in eine Schule gehen. Die körperlichen Beeinträchtigungen wurden so gut behandelt, dass sie lernen konnten. Da waren sehr gute Schüler dabei!

Anne: *Welche Entwicklungen, die durch eure Arbeit entstanden sind, beeindrucken dich besonders?*
Traude: Das Zeugnis einer Lehrerin an einer weiterführenden Schule für Mädchen (von 14–19 Jahren). Wir haben dort durch Patenschaften 46 jungen Frauen die Ausbildung gezahlt. Die Frau Professor kam auf mich zu und berichtete: Diese Mädchen, die aus sehr, sehr armen Verhältnissen kommen, sind die besten von allen 460 Mädchen in der Schule. Sie haben das erste halbe Jahr gebraucht, um richtig lernen zu können, weil ihnen so viel Wissen gefehlt hat. Nach einem halben Jahr waren sie wie verwandelt. Sie hatten plötzlich so ein Selbstbewusstsein, dass sie am Ende des Jahres die besten der ganzen Schule waren. Sie hatten eine Selbstsicherheit und waren so dankbar – sie haben auch ihren Paten sehr für deren Liebe gedankt. Sie hatten sich am Anfang schwergetan, aber dann waren sie den anderen haushoch überlegen.

Unsere Liebe, dass wir für sie die Ausbildung gezahlt haben, hat sie so gestärkt. Das konnten wir auch bei unseren Tischlern und Schweißern feststellen. An den Gesichtern der Lehrlinge. Bei uns werden die Ärmsten der Armen ausgebildet. Unsere Schule ist die einzige, in der sie nichts bezahlen müssen. Wenn sie am Schluss der Ausbildung ein Geschenk bekommen – Nähmaschine, Werkzeugkoffer oder Schweißgerät – und sie können losgehen, sie haben einen Beruf, sie sind imstande das Erlernte weiterzugeben, das bewegt mich sehr. Sie wissen dann, sie sind selbstständig, geliebt und wertvoll. Sie sind aus der Armut heraus und haben eine Perspektive, nicht nur für sich, sondern auch für ihre Familien. Das ist das größte Geschenk, diese Verwandlung zu sehen. Oder auch wie aus schüchternen Menschen, die sich zurückgezogen haben, fröhliche, selbstbewusste Menschen geworden sind. Was Größeres kann dir nicht passieren.

Anne: *Hast du irgendwelche Pläne?*
Traude: Was die Zukunft bringt, das weiß allein Gott. Wir sagen ja, wir werden weiterhelfen. Aber wie wir helfen, das kann nur Gott bestimmen. Vielleicht bauen wir weitere Werkstätten. Oder in den Werkstätten eine Küche, damit sie zu essen haben. Die Zukunft liegt nicht in unserer Hand, aber wir sind bereit. Was immer Er will. Es wird weitergehen, weil es ein Werk Gottes ist, nicht unseres. Ich wünsche mir so, dass viele Menschen in anderen Pfarren diese Sehnsucht kriegen, den Armen zu helfen. Für so eine Partnerschaft braucht man keine Vorkenntnisse. Man braucht nur ein „Ja" zu Gottes Plan und eine Liebe zu den Armen. Gott klopft jeden Tag an unser Herz. Wir müssen nur ja sagen. Ich bin armselig. Ich kann keine Fremdsprache, ich bin eigentlich hilflos. Aber ich sage Gott, „wenn du es willst, wirst du mich führen und halten und ich darf an diesem Werk mithelfen, dass du vor aller Ewigkeit für mich vorbereitet hast."

Wer hätte gedacht, dass wir in der Coronazeit, wo wir nicht hinfahren durften, und die Armut so groß war, dass die Leute gehungert haben, so viel Geld wie nie zuvor runterschicken würden. Ich freu mich auf die Zukunft, auf das, was Gott vorhat. Wir, unsere Gruppe, wir sagen ja zu seinem Plan. Ich freu mich schon auf die Projekte, die er uns im nächsten Jahr zumutet. Und ich freu mich, dass ich weiter mitarbeiten darf.

Anne: *Du wirst nächstes Jahr, 2023, 80 Jahre alt. Hast du mal ans Aufhören gedacht?*
Traude: Im Frühjahr 2021 habe ich am ganzen Körper wahnsinnige Schmerzen bekommen und meine Ärztin hat mir 20 Physio-Einheiten verschreiben, aber die Schmerzen haben nicht aufgehört, bis raus-

kam, dass ich starke Entzündungen in meinem Körper hatte. Es war Rheuma. Wodurch habe ich denn plötzlich Rheuma gekriegt, fragte ich den Arzt. „Sie stehen ununterbrochen unter Stress", sagte er. Und wirklich – ich saß oft bis um zwölf oder eins in der Nacht am Computer. Er erklärte mir: „So können Sie nicht weitermachen, Ihr Körper ist zusammengefallen. Ich wusste nicht, was ich ändern sollte. Also habe ich, wie ich vom Krankenhaus nach Hause gekommen bin, gebetet. „Jesus, diese Zeit, die du mir noch schenkst, die ich noch leben darf, möchte ich nur tun, was dein Wille ist. Was möchtest du, dass ich tue?" In genau dem Augenblick ruft mein lieber Freund Stefan an, der in Ruanda schon großzügig gewirkt hatte. Er komme gerade von einem Geschäftsessen und habe dort erzählt, dass er einen Kindergarten gebaut habe. Sofort wollte sein Gesprächspartner für eine Schule zahlen. Er könnte 50.000 Euro beisteuern.

Da hatte ich meine Antwort vom Vater. Sie lautete: „Ich schicke dir die Menschen. Du musst dich nicht kümmern." Gott hat mir das Werk in Ruanda anvertraut, das wusste ich dann. Das konnte ich nicht aufgeben. Er kümmerte sich auch darum. Ich habe dann andere Aufgaben in unserer Pfarre abgegeben und mein Gesundheitszustand hat sich geändert. Die Arbeit in Ruanda mache ich, solange Gott will. Er hat mir auch gezeigt, dass es nicht auf mich ankommt. Ich habe Freunde, denen Ruanda ein großes Anliegen ist und die dafür sorgen, dass es weitergeht. Auch in unserer Pfarre. Ich weiß, dass es nicht von mir abhängt, dass die Ärmsten der Armen unterstützt werden. Viele sind bereit, für die Ärmsten ja zu sagen. Und mit dem Anruf von Stefan wurde mir schlagartig klar, wie viele bereit waren, für diese Partnerschaft zu arbeiten. Er hatte seinem Geschäftsfreund von Ruanda erzählt, weil er sich auch verliebt hatte in dieses Land und diese Menschen. Es liegt nicht nur an mir.

I.

Wie mein Herz
zu brennen begann

... UND ICH IN EINEN ZWIESPALT
DER LIEBE GERIET

Ich bin sehr arm aufgewachsen. Eine solche Kindheit möchte ich keinem wünschen und lieber nicht näher erzählen. Viele Menschen würden denken, nach so einer Jugend kann aus diesem Mädchen nichts werden. Doch es ist mit der Hilfe der Gottesmutter Maria und durch Jesus Christus, meinen Herrn und Gott, anders gekommen.

Die einzige Person, von der ich in meiner Kindheit Liebe empfangen habe, war meine Religionslehrerin in der Hauptschule. Sie hat gesehen, was ich für ein armes, von allen verlassenes und herumgestoßenes Mädchen war. Meine Lehrerin war gläubig und katholisch. Sie hat mir etwas vermittelt, was ich von meiner Mutter oder meinem Stiefvater leider nicht erfuhr: Geborgenheit, Aufmerksamkeit, vor allen Dingen aber die Liebe zu Gott.

Dieser Lehrerin verdanke ich, obwohl alle äußeren Umstände eigentlich dagegensprachen, dass ich die Schule und sogar die Handelsschule abschließen konnte. Vor allen Dingen aber verdanke ich ihr, dass sie mir, die ich zwar getauft, aber noch nicht gläubig war, die ersten Schritte im Glauben zeigte. Sie erweckte in meinem Herzen eine Sehnsucht nach der Liebe Gottes. Durch diese liebe Lehrerin, die wie eine Mutter zu mir war, kam ich in Berührung mit dem Glauben und der Kirche. Ich begann am Sonntag in die Heilige Messe zu gehen.

Nach Abschluss der Schule stand ich wie alle Schulabgänger vor der Entscheidung, welchen Beruf ich einmal ausüben sollte. Noch etwas ratlos bewegte mich diese Frage, als im Jahr 1961 in Graz auf dem Freiheitsplatz der bekannte Volksmissionar Pater Johannes Leppich (1915–1992), angekündigt wurde. Von dem aus Polen stammenden Jesuiten hatte man schon viel gehört. In der Presse wurde er das „Maschinengewehr Gottes" genannt. Sogar auf der Hamburger Reeperbahn, der „sündigsten Meile der Welt", hatte er vor einer großen Menschenmenge gepredigt und die Menschen zur Bekehrung aufgerufen.

Pater Johannes Leppich predigt, – und so viele Menschen wollen das Evangelium hören

So stand ich erwartungsvoll auf dem Freiheitsplatz in Graz und sah Pater Leppich, wie er auf seinem kleinen Missionsbus stand und predigte. Er sprach in verständlichen Worten und war mit seinem leichten polnischen Akzent gut zu verstehen: Gott habe die Menschen gut und als Ebenbilder Gottes geschaffen, rief er. Kein einziger Mensch auf Erden werde von Gott nicht geliebt. Gottes Sohn liebe alle Menschen, auch die Sünder, aber die Sünde hasse Jesus, hörte ich den Pater predigen.

Am Ende der langen Predigt rief Pater Leppich: „Jeder hier soll sich von seinen Sünden lossagen und zu Gott umkehren! Wer seine Sünden vor Gott, dem Vater bekennt und um Vergebung bittet, wird frei werden. Wer sich bekehrt, der wird Gottes geliebtes Kind und in die Familie des himmlischen Vaters aufgenommen werden."

Da wurde ich hellhörig! Ich hatte weder einen richtigen Vater, der mich geliebt hätte, noch in meiner Kindheit und Jugendzeit eine echte Familie erlebt. Die Worte des Paters trafen auf eine tiefe Sehnsucht in meinem Herzen. Während ich noch überlegte, welche Sünden ich vor Gott beichten könne, hörte ich Pater Leppich sinngemäß rufen, jeder solle nicht nur überlegen, was „Gott für ihn selbst" tun, sondern was „er für Gott" tun könne. Wer unter den Zuhörern sei bereit, für einige Jahre in die Mission nach Afrika zu gehen, um dort armen Menschen zu helfen?

Als ich hörte, dass ich ein geliebtes Kind des himmlischen Vaters werden könne, entbrannte mein Herz sofort für die Mission in Afrika. Ja, ich wollte armen Menschen in Afrika helfen! Da ich selbst in so großer Armut aufgewachsen war, fühlte ich mich angesprochen, armen und hungernden Menschen zu helfen. Aber wie sollte das konkret gehen? Dazu hatte Pater Leppich leider keine Angaben gemacht.

Aber der Wunsch eine Missionarin für die Armen in Afrika zu werden brannte weiterhin in meinem Herzen. Pater Leppich konnte ich nicht fragen, weil er Graz wieder verlassen hatte. Zufällig oder nicht bekam ich Kontakt zu unserem Jugendpfarrer, Dechant Binder aus Graz-Gösting. Ich erzählte ihm von der Predigt des Paters und von meinem Wunsch, Missionarin in Afrika zu werden. Er freute sich über mein Anliegen und ebnete mir den Weg für eine Ausbildung als Volontärin in einer der katholischen Missionen in Afrika.

So begann ich die Vorbereitungszeit im schönen Bundesland Kärnten zu planen, als ich ganz unerwartet am 7. November 1961 in Graz einen jungen, netten und liebevollen Mann kennenlernte, der, um mich zu werben begann. Ein fürchterlicher Zwiespalt tat sich nun für mich auf. Ich erlebte zum ersten Mal in meinem Leben, dass mich ein Mann liebenswert, schön und attraktiv fand. Aber wie sollte ich ein eventuelles Ja-Wort für eine Ehe mit dem schon gegebenen Ja-Wort für den Vater im Himmel und die Mission in Afrika in Einklang bringen?

MEIN HERZ BRANNTE AN ZWEI ENDEN!

Mein Herz brannte gleichsam an zwei Enden: Einerseits die Sehnsucht, etwas für Gott, den Vater im Himmel, und die armen Menschen in Afrika zu tun; andererseits war aber auch mein Wunsch groß, vielleicht eine eigene Familie mit Franz gründen zu können – dies umso mehr, als ich selbst keine richtige Familie erlebt hatte. Ich begann Franz zu lieben. Welches der beiden Enden meines Herzens sollte ich löschen, welches nicht? Ich wusste keine Lösung.

Zunächst nahm ich allen Mut zusammen und sprach dieses heikle Problem Franz selbst an, den ich erst vor so kurzer Zeit kennengelernt hatte. Ich fürchtete natürlich ihn zu verlieren, wenn ich ihm von meinem Berufswunsch, für die nächsten drei Jahre nach Afrika zu gehen, erzählen würde. Doch wider Erwarten bestätigte er mein Vorhaben. Er finde es eine gute Sache, armen Menschen zu helfen, erklärte er mir. Völlig überrascht hörte ich, dass er mir sogar versprach, die nächsten drei Jahre auf mich zu warten.

Das Angebot erschien mir großzügig und liebevoll, aber würde er wirklich warten, fragte ich mich? Was würde passieren, wenn eine andere junge Frau seinen Weg kreuzen würde oder – wie würde ich reagieren, wenn mir in Afrika ein junger Mann begegnen würde? In meiner Not ging ich zu Jugendpfarrer Binder und fragte ihn um Rat. Er riet mir, die Missionsaufgabe zunächst aufzugeben, stattdessen zu heiraten und eine gute Mutter zu werden. In weiser Voraussicht erklärte er mir:

„Nur Gott weiß, was er mit Dir vorhat,
vielleicht kommst du später einmal nach Afrika.“

Kurze Zeit später machte mir Franz einen Antrag. Wir verlobten uns und heirateten am 15. September 1962. Nur 10 Monate nachdem wir uns in Graz kennengelernt hatten, empfingen wir den Segen und das Sakrament der Ehe. Zwei Kinder wurden uns in den folgenden, aufregenden Jahren unserer Ehe geschenkt. Ich musste viel lernen, um eine gute Ehefrau und Mutter zu werden. Die Familie nahm mich ganz in Beschlag. Mein geliebter Mann, der nach 47 Jahren Ehe im Jahr 2009 starb, sorgte in der ganzen Zeit liebevoll für mich und unsere Kinder.

Hochzeit von Traude und Franz

Traude mit den beiden Kindern Franz und Karin

Fast hätte ich bei allen Sorgen, Nöten und Aufgaben in der Familie meine Mission vergessen, aber Gott hatte die Armen in Afrika nicht vergessen; auch nicht das, was er mit mir vorhatte. Unerwartet begann diese Mission wieder zu leben, als ein Engel der Liebe und Barmherzigkeit in unsere Pfarrgemeinde in Graz-Karlau kam. Dr. Christa Kübler hielt einen Vortrag, mehr noch eine „Predigt", über ein kleines Land im Herzen von Afrika.

2. Ein kleines und armes Land

WIE UNS IN EINER PFARRGEMEINDE IN GRAZ DAS LAND RUANDA ANS HERZ WUCHS

Auf Einladung unseres Pfarrers Karl Thaller kam im Jahr 1978, kurz vor dem „Sonntag der Weltmission", Christa Kübler das erste Mal zu einem Vortrag in unsere Pfarrgemeinde. Gerade war die zierliche Frau von ihrem Dienst aus Mexiko zurückgekehrt, wo sie 22 Jahre lang als Missionarin unter armen Indigenen gewirkt hatte.

Aus der Vorstellung der weitgereisten Referentin erfuhren wir, dass sie im Auftrag von Missio Österreich viele Projekte auf allen Kontinenten besucht hatte. Wir erfuhren, dass sie fünf Fremdsprachen fließend sprach und, neben ihrer Missionstätigkeit vor Ort in Mexiko, als promovierte Ökonomin die ordnungsgemäße Verwendung von Spendengeldern für Missio-Projekte in allen Kontinenten besucht und überprüft hatte.

Sie erzählte von ihren spannenden Einsätzen, dem Erfolg und Segen vieler katholischer Missionen auf der ganzen Welt. Aufgeregt verfolgten wir ihre Berichte von den Leiden und Freuden der dort wirkenden Missionare. Als die Referentin das kleine Land Ruanda (franz.: Le Rwanda) erwähnte, spitzte ich meine Ohren. Etwas begann in meinem Herzen zu brennen, ähnlich wie vor siebzehn Jahren bei der Predigt von Pater Leppich in Graz; eine lange vergessene, aber nie ausgelöschte Sehnsucht erwachte wieder: Als Missionarin armen Menschen in Afrika zu helfen.

Dr. Christa Kübler

Die Referentin erzählte von diesem kleinen Land, in dem sie oft gewesen war. Es liege in Zentralafrika und grenze im Osten an den Kivu-See, einen der größten Seen in Afrika, und die Nachbarrepublik Kongo an. Sie erzählte von diesem landschaftlich so schönen Land, mit vielen Naturparks und den berühmten, aber seltenen Berg-Gorillas. Sie berichtete von dem an Bodenschätzen reichen, aber dennoch armen Land, wo die durchschnittliche Kaufkraft pro Person damals keine 500 US-Dollar betrug. Die Temperaturen seien im ganzen Jahr angenehm und würden zwischen 15 und 25 Grad schwanken. Es regne viel, aber in den Sommermonaten scheine oftmals auch die Sonne.

Sie berichtete uns von den deutschen und den belgischen Missionaren, den „Weißen Vätern", die das Evangelium Christi in das Land gebracht hatten. Die Missionierung Ruandas sei sehr erfolgreich gewesen; es gelte als eines der katholischsten Länder Afrikas mit einer zu 90 Prozent christlichen Bevölkerung. Von den etwa 5 Millionen Einwohnern waren Ende der 1970er-Jahre rund 60 Prozent katholisch und 30 Prozent evangelisch. 10 Prozent der Bevölkerung gehörten Naturreligionen oder dem Islam an.

Wir hörten von der Referentin, dass die katholische Kirche in Ruanda reich an geistlichen Schätzen und Gaben Gottes sei, es an materiellen Gütern aber fehle. Die Freude und Begeisterung über das Wirken des Heiligen Geistes, seine Gegenwart und die Wunder, die Gott überall wirke, seien unvorstellbar, so Christa Kübler. Allerdings wäre der katholische Glaube oftmals auch noch nicht tief genug bei den Gläubigen verwurzelt, wie eigentlich überall auf der Welt. Mit materiellen Dingen, auch kleinen Geldspenden, könne man den katholischen Christen dort sehr viel helfen.

Christa Kübler erzählte so begeistert von Ruanda – schilderte so bildhaft und eindrucksvoll die Nöte und den Glauben der Menschen – wer hätte da sein Herz oder seine Geldbörse verschließen können? Sie sprach davon, wie wenig Geld man nur aufbringen müsse, um die Not der Kinder durch eine Patenschaft zu lindern. Von dem Geld, das ein Kind in Österreich für einen Tag zum Essen brauche, könne ein Kind in Ruanda einen Monat lang leben und sattwerden.

Die Missionarin schilderte auch die Nöte der Priesterausbildung. Es gäbe keinen Mangel an jungen Männern, die Priester werden wollten. Bewerber würden beim Bischof quasi Schlange stehen, aber es sei kein Geld für ein noch so bescheidenes Priesterseminar da. Mit einem für europäische Verhältnisse niedrigen monatlichen Betrag (heute: 50 Euro) könne man durch Missio Österreich die Ausbildung eines Priesters finanzieren.

Nach diesem ersten Vortrag luden wir Christa Kübler zu weiteren Vorträgen ein, um mehr von den Missionen in den verschiedenen Ländern der Welt zu erfahren. So entstand langsam ein kleiner Kreis von an der Weltmission interessierten Gläubigen. Mit großem Geschick und unter der Wirkung des Heiligen Geistes entfachte sie in uns einen missionarischen Geist, sodass unsere Herzen mehr und mehr für die Mission Christi zu brennen begannen.

Christa Kübler bei der Priesterweihe

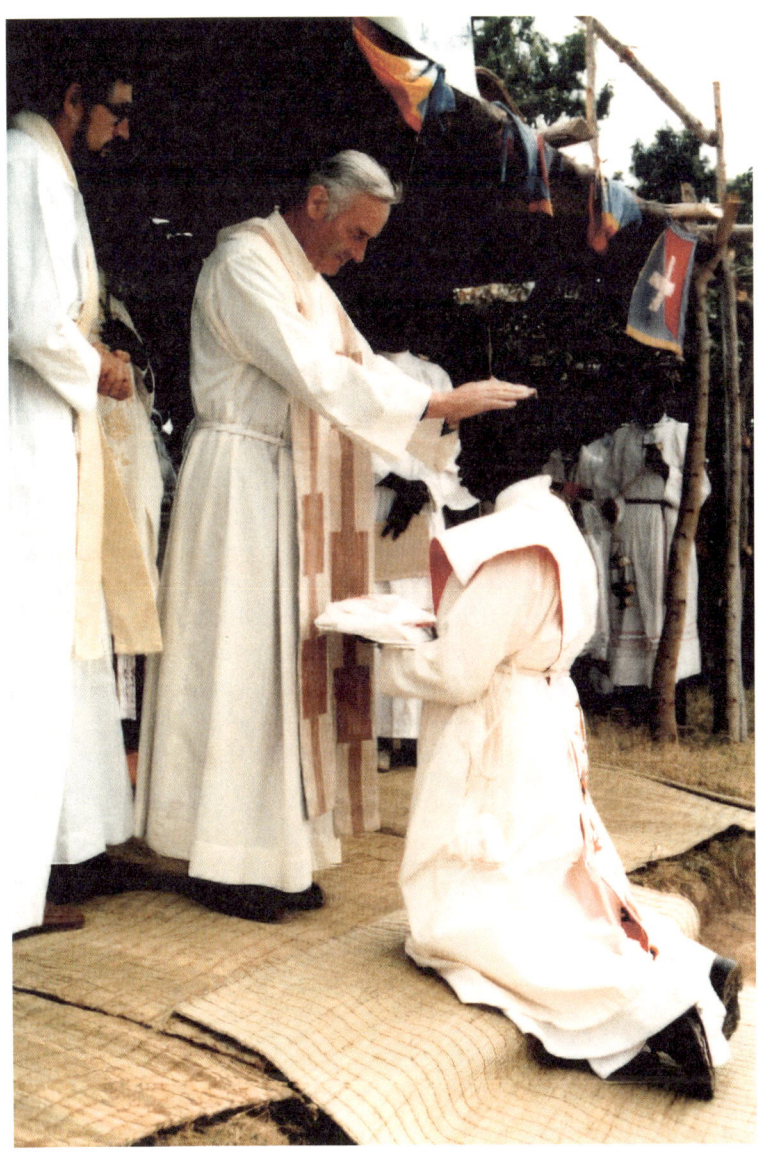

Pfarrer Karl Thaller legt seinem Patensohn Ubald Rugirangoga bei der Priesterweihe die Hände auf

Ohne die persönliche Förderung und Unterstützung durch unseren Pfarrer Thaller wären allerdings alle, anfangs sehr kleinen, Fortschritte unseres Arbeitskreises, sicher unmöglich gewesen. Er übernahm 1980 persönlich die erste Patenschaft für einen jungen Mann namens Ubald, den keiner von uns kannte, der aber in Ruanda Priester werden wollte. Vier Jahre später sollte er dann zum Priester geweiht werden. Zum Empfang des Sakramentes der Priesterweihe flogen unser Gemeindepfarrer und Christa Kübler nach Ruanda.

Was aus diesem Priester, aus unserem geliebten Pater Ubald einmal werden würde, vermutete niemand von uns. Außer der erfahrenen Missionarin war bis dahin noch niemand von uns in Ruanda gewesen. Von den Erscheinungen der Mutter Gottes in Kibeho, die 1981 begannen und den schrecklichen bevorstehenden Ereignissen, die diese durch die Seher prophezeien ließ, hatten wir noch nichts gehört.

Alles in Ruanda schien in diesen 1980er-Jahren friedlich zu sein, doch das war nur die halbe Wahrheit. Wir hörten später über Pater Ubald, dass er ein großer Prediger und Missionar geworden sei. Er führe viele Menschen zum Glauben und verkünde die Liebe Gottes. Dass im Jahr 1994 ein Genozid in der Ermordung von fast einer Million gipfeln würde, ahnte von uns keiner. Auch nicht, dass Pater Ubald diesem Morden nur in allerletzter Minute entgehen würde.

3. Afrikanischer Boden unter meinen Füssen

HÄTTEN DIE MENSCHEN NUR DEN WORTEN DER GOTTESMUTTER GEGLAUBT!

Als Pfarrer Thaller mit Christa Kübler 1984 von der Feier der Priesterweihe für Pater Ubald zurückkehrte und begeistert von Ruanda erzählte, konstituierte sich offiziell die Partnerschaft zwischen der Pfarrgemeinde Graz-Karlau (bzw. unserem „Arbeitskreis Weltkirche") und der Pfarrgemeinde Nyamasheke im äußersten Südosten Ruandas. Aus dieser Partnerschaft sind alle Projekte in den folgenden 35 Jahren entstanden, von denen ich hier berichte.

Pfarrkirche Nyamasheke

Das Vorbild unseres Pfarrers motivierte mich auch dazu, im Jahr 1984 zum ersten Mal selbst eine Priester-Patenschaft für einen Seminaristen zu übernehmen. Mich begeisterte diese Vorstellung, dass ich, mit vergleichsweise wenig Geld, einen namentlich zwar bekannten, mir ansonsten aber völlig unbekannten, jungen Mann fördern würde, der einmal als Priester vielen Menschen helfen könnte, in den Himmel zu kommen!

Fortunatus hieß der Seminarist, der mir von Missio Österreich als Priesterkandidat aus unserer Partner-Diözese zugewiesen wurde. Aus dem Wörterbuch erfuhr ich, dass der Name aus dem Lateinischen kommt und „der Beglückte" bedeutet. Wie ein Zeichen des Himmels und der Bestätigung für meine Spenden erschien mir sein Name. Zunächst dachte ich, dass ich den jungen Mann aus Ruanda mit meiner Spende beglücken würde, indem ich seine Ausbildung zum Priesterberuf finanzierte, doch später wurde mir eine ganz andere und klarere Sicht der Dinge geschenkt.

Ich begann mit innerer Freude, Monat für Monat den kleinen Betrag von ein paar hundert österreichischen Schilling zu spenden. Im Gegenzug erhielt ich Briefe und Fotos von Fortunatus. Er dankte mir für die Unterstützung und erzählte von seinem Glauben sowie vielen Erlebnissen und Ereignissen, die mir die Kirche in Ruanda näherbrachten. Je mehr ich darüber hörte, desto mehr wurde mir eines klar:

NICHT FORTUNATUS WAR DER BEGLÜCKTE, ICH WAR ES!

In unserem Arbeitskreis Weltkirche trafen wir uns monatlich unter der Leitung von Christa Kübler in unserer Pfarrgemeinde in Graz-Karlau und hörten ihre Vorträge. Sie sprach oft von der Liebe zu Christus und zu den Armen. Wir hielten uns damals für praktizierende, gläubige

Katholiken, waren aber weit davon entfernt, selbst missionarisch zu wirken. Auch unser Glaube lebte damals nur wenig.

Wir konnten uns nicht vorstellen, welche großen Dinge Gott tun kann, wenn wir auf die Knie gehen und beten. Wir dachten, dass Gott „keine anderen Hände als die unseren" habe, wie es damals oft in der Kirche hieß. Wir wussten nahezu nichts über den Heiligen Geist, der uns erfüllen und mit seinen Gaben überschütten wollte und Wunder über Wunder geschehen lassen konnte. Wir waren ein wenig vom Feuer des Heiligen Geistes angewärmt, aber noch nicht entzündet worden.

Als ich 1988 die Einladung zur Priesterweihe von Fortunatus erhielt, war ich gespannt und neugierig, wie es in Ruanda aussehen würde. An der Seite von Christa Kübler betrat ich zum ersten Mal in meinem Leben afrikanischen Boden. Endlich lernte ich das schöne Land und seine lebendige Kirche kennen, die in den nächsten Jahren und Jahrzehnten zu meiner zweiten Familie werden sollte!

Was für gefüllte Tage folgten unserer Landung auf dem kleinen Flugplatz in Kigali, der Hauptstadt Ruandas. Ich sog alle Eindrücke wie ein Schwamm auf. Wir erlebten viele schöne Begegnungen und eine große Freude bei den Christen. Und dann die Priesterweihe von Fortunatus und den anderen jungen Männern! Was für ein Fest mit Tausenden von Gläubigen, die sich einfach über die Gegenwart Gottes freuten! So viel Liebe, so viel Begeisterung – sogar der Bischof tanzte nach der Heiligen Messe mit „seinen Schäfchen" vor der Kirche.

Drei kirchliche Gebäude wurden während unseres Besuchs eingeweiht, und bei einer Gelegenheit taufte der Bischof gleich 28 Kinder auf einmal. Die Kirche war mit Wimpeln und bunten Luftballons, wie zu einem Kindergeburtstag, geschmückt – und tatsächlich handelt es sich ja bei Taufen um geistliche Geburtstage, an denen Menschen zu einem ewigen Leben in Christus Jesus neu geboren werden.

Die Pfarrgemeinde tanzt

In jeder Kirche, in der wir zur Heiligen Messe gingen, drängten sich
die Gläubigen. Oftmals feierten wir den Gottesdienst auch unter
freiem Himmel, weil noch kein Kirchengebäude vorhanden war.
Immer herrschte diese Atmosphäre der Begeisterung über Jesus,
den von den Toten auferstandenen Herrn, und eine unvergleichliche
Freude, die nur vom Heiligen Geist kommen konnte. Die Christen
tanzten vor Gott – meist unvorstellbar in Österreich! Sie lobten ihn
mit vielen Liedern und Trommeln und freuten sich, dass Jesus in der
Eucharistie bei ihnen war.

DIE GOTTESMUTTER ERSCHEINT DREI MÄDCHEN UND KÜNDIGT DEN GENOZID AN

In den der Weihe folgenden Tagen begleitete uns Pater Fortunatus auf unserer Rundreise durch das im südöstlichsten Zipfel Ruandas gelegene Bistum Cyangugu, das erst am 5. November 1981 durch Papst Johannes Paul II. gegründet worden war. Wir waren gerade im Ort Butare angekommen, als Fortunatus uns von einer Marienerscheinung erzählte. Die Gottesmutter sei seit dem 28. November 1981 drei Mädchen im nahe gelegenen Ort Kibeho erschienen.

Was lag näher, als einen Abstecher in das nur 30 Kilometer entfernte Kibeho zu machen? Den kleinen Ort zu erreichen, erwies sich dennoch als erstaunlich schwierig. Wofür man in Österreich nur 30 Minuten brauchen würde, kann man in Ruanda drei Stunden unterwegs sein. Auf den schmalen, rutschigen, roten Sandwegen mit großen Löchern wären wir ohne den Vierrad-Antrieb unseres Autos verloren gewesen. Hinzu kamen marode Brücken, die leicht hätten einstürzen können. Nach einer abenteuerlichen Fahrt erreichten wir, dann doch, Gott sei Dank, Kibeho.

Wir erfuhren, dass die Mutter Gottes den drei Mädchen Alphonsine, Anathalie und Marie-Claire erschienen war. Alle drei machten gerade ihre Ausbildung in einer von katholischen Nonnen geführten Haushaltschule, als die Gottesmutter ihnen 1981 das erste Mal erschien. Seither hätten sich die Erscheinungen in unregelmäßigen Abständen fortgesetzt, wurde uns berichtet. (Sie endeten im Jahr 1989.)

Maria forderte dabei die Menschen in Ruanda – auch die Christen – auf, zu dem einzig wahren Gott Jesus Christus umzukehren. Alle sollten ihre Sünden bekennen, Buße tun, um Frieden im Land ringen und den Rosenkranz für dieses Anliegen beten. Wir waren zunächst erstaunt zu hören, dass die Gottesmutter in Afrika eine ganz ähnliche Botschaft überbrachte wie in Fatima, Lourdes oder Medjugorje. Doch dann hörten wir von der schrecklichen Erscheinung am Festtag Maria Himmelfahrt 1982. Wieder war die allerseligste Jungfrau den drei Seherinnen erschienen. Doch dieses Mal hatten sie furchtbare Bilder über die Zukunft des Landes gesehen. Die Mutter Gottes selbst habe geweint, gezittert und mit den Zähnen zu klappern begonnen. Auch die Seherinnen hätten sich bei der Erscheinung am 15. August vor Schmerzen gekrümmt und seien zu Boden gefallen. Dann seien sie wieder aufgestanden und wieder niedergefallen, erschüttert über die schrecklichen Dinge, die sie gesehen hatten. Acht Stunden lang hätten diese Vorgänge zum Entsetzen der Zuseher und Beobachter gedauert; außer den drei Mädchen hatte niemand die Visionen direkt gesehen.

Den besorgten umstehenden Pilgern berichteten die Seherinnen, welche schrecklichen Szenen von Mord und Gewalt sie gesehen hatten – Gräueltaten von unvorstellbarem Ausmaß. Sie sahen, wie sich die Menschen gegenseitig töteten, verstümmelte Leichen überall herumlagen und kopf- bzw. gliederlose Körper einen Fluss heruntertrieben, dessen Wasser sich blutrot gefärbt hatte.

Wir wissen heute, dass nur 12 Jahre nach diesen Erscheinungen von 1982 all das Schreckliche, das die Seherinnen gesehen hatten, eingetreten ist. Im Jahr 1994 wurden in Ruanda fast eine Million Menschen abgeschlachtet. Ein Fünftel der Bevölkerung des Landes wurde ermordet.

In Kibeho war der Genozid besonders grausam. Frauen und Kinder hatten Schutz in einer kleinen Kirche gesucht. Doch der Mob verrammelte die Türen und zündete die Kirche an, sodass alle Menschen erstickten oder qualvoll verbrannten. Außerdem fanden in einem Flüchtlingslager, alle 4.000 Tutsi, die Schutz vor den Mordkommandos gesucht hatten, durch Maschinengewehrschüsse ihr Ende.

Als wir 1988, sechs Jahre vor dem Genozid, in Kibeho waren, kannte den Ort damals noch niemand auf der Welt. Wir lernten ihn im „Urzustand" kennen, und was die Mädchen gesehen hatten, erschien uns völlig unglaublich. Als wir 1994 von den Ereignissen in Ruanda hörten, erschraken wir zutiefst – auch über unseren Unglauben.

Was Maria sagt, sollten wir lieber beachten – und nicht auf die leichte Schulter nehmen. Wie sich aus den anerkannten Marienerscheinungen an anderen Orten der Welt zeigt, haben sich ihre Botschaften oftmals auf dramatische Weise bewahrheitet. Hören wir also auf die Gottesmutter, kehren wir rechtzeitig um, tun Buße, seien wir nicht ungläubig, sondern gläubig, wie Jesus sagt, dann werden wir Heil und Frieden erlangen.

Wallfahrtskirche in Kibeho

Im Jahr 2001 wurde Kibeho vom Heiligen Vater Johannes Paul II. als erster Marienwallfahrtsort Afrikas offiziell anerkannt. Einer der Hauptgründe für diesen Schritt war, dass die Seherinnen den Genozid so exakt vorausgesehen hatten. Heute stehen am Ort der Erscheinungen eine kleine Kapelle und eine große Wallfahrtskirche, die 2003 eingeweiht wurde.

4. Pater Ubalds Flucht

EIN BEGNADETER PRIESTER
VERLIERT SEINE GANZ FAMILIE
UND WIRD DANN GEHEILT

Nach meinem ersten Besuch vergingen Jahre, ohne dass wir das schöne Land und die uns ans Herz gewachsenen Menschen besuchen konnten. Ich unterstützte von 1988 bis 2002 aber weiterhin jeweils vier Jahre lang einen neuen Priesterkandidaten in Ruanda mit einer monatlichen Spende.

Als 1992 die Priesterweihe meines zweiten Seminaristen anstand, war es leider kaum noch möglich nach Ruanda zu fliegen. Bürgerkriegsähnliche Zustände gingen dem Genozid voraus – die Konflikte im Land, die 1994 so vollständig und grausam eskalierten, forderten schon vorher viele Todesopfer. (Trotzdem konnte im Jahr 1982, als die Seherinnen ihre Visionen empfingen, keiner das spätere Ausmaß an Gewalt auch nur ahnen.[1]

In Graz verfolgten wir diese Entwicklung mit großer Sorge. Wir wussten 1994 nicht, ob die Nachrichten, die uns über die Zeitungen und das Fernsehen erreichten, wirklich zuverlässig waren. Bis uns völlig überraschend die Ankunft von Pater Ubald, dem ersten von Pfarrer Thaller geförderten und 1984 geweihten Priester, auf dem

---

[1] Zur Vorgeschichte Ruandas bei Wikipedia: https://de.wikipedia.org/wiki/
V%C3%B6lkermord_in_Ruanda; abgerufen am 19.1.2022. Zur neuesten Geschichtsschreibung über Ruanda siehe das neue Werk von Michela Wrong, Do Not Disturb, 512 Seiten, Harper Collins 2021. Einen differenzierten Überblick über die Geschichte und den Genozid in Ruanda liefert die Rezension über Wrongs Buch durch den Afrikahistoriker Prof. Stephen Smith (University of North Carolina) in der Schweizer „Weltwoche" Nr. 3, 20.1.2022, S. 66 f.: „Die Wahrheit über Ruanda."

Flughafen in Wien-Schwechat angekündigt wurde. Wir sollten ihn dort abholen.

Der Mann, der immer gestrahlt hatte, begegnete uns als gebrochen und weinend. Er sei nicht freiwillig aus Ruanda geflohen. Als Bischof Thaddäus Ntihinyurwa davon erfahren hatte, dass die Katholiken aus Pater Ubalds eigener Gemeinde, denen er so hingebungsvoll die Liebe Christi gepredigt hatte, ihm nach dem Leben trachteten, hatte er die Flucht befohlen. Gerade noch rechtzeitig war Pater Ubald – wider Erwarten – die Reise nach Österreich gelungen.

Pater Ubald Rugirangoga

Viele der Überlebenden hatten es wie Pater Ubald gemacht: Um nichts als die nackte Haut zu retten, flohen sie in die Nachbarländer Ruandas oder nach Europa, wenn dies möglich war. Pater Ubald erzählte, dass aus seiner eigenen Familie 84 Menschen ermordet worden waren. Überall hätten die am Genozid Beteiligten besonders den Christen, den Pastoren und Priestern nach dem Leben getrachtet. Tagelang weinte er, konnte nicht schlafen und wurde die schrecklichen Bilder aus seiner Heimat nicht los.

WIE KANN DIE GEBROCHENE SEELE EINES PRIESTERS HEILEN?

In unserer Pfarrgemeinde, besonders in unserem Arbeitskreis, waren wir einerseits froh, Pater Ubald so unverhofft wiederzusehen und trauerten andererseits mit ihm um all seine ermordeten Verwandten. Christa Kübler lud ihn ein, 14 Tage nach Lourdes zu fahren, wo auch ihre eigene Mutter gestorben war und begraben lag.

An diesem weltbekannten Wallfahrtsort hatten seit der Erscheinung der Gottesmutter im Jahr 1858 Millionen Pilger, auf die Fürbitte Mariens und durch das Wirken des Heiligen Geistes, seelische Tröstung oder körperliche Heilung erlebt. Wir hofften, dass Pater Ubald in Lourdes von seiner Qual erlöst würde.

Noch am Tag vor der Abreise schilderte er seine verzweifelte Stimmung. Er könne nicht mehr Priester sein, nicht mal das Vaterunser beten, denn es enthielt die Bitte, „vergib uns unsere Schuld, wie auch wir vergeben unseren Schuldigern."

Als wir diese Not hörten, machten wir ihm den Vorschlag, miteinander den Kreuzweg in unserer Kirche zu beten. Wir erwarteten nicht, dass etwas Besonderes geschehen würde, nur klein war unser Glaube, dass vielleicht Gott Heilung oder wenigstens Trost schenken würde.

Als wir erst bei der zweiten Station des Kreuzweges angelangt waren (*Jesus nimmt das schwere Kreuz auf seine Schultern*), hörte Pater Ubald plötzlich eine Stimme: „Ubald, nimm auch du dein Kreuz auf dich!" Wir hörten diese Stimme nicht, aber er war sich sicher, dass Gott zu ihm gesprochen hatte. In diesem Moment wusste er, dass Gott ihm die Gnade verleihen würde, vergeben zu können – er spürte förmlich, wie ihm eine Last abgenommen wurde, und wie Jesus sie auf Sein Kreuz genommen hatte.

So gestärkt fuhren wir 14 Tage nach Lourdes, wo Pater Ubald eine tiefgreifende Heilung an Leib und Seele erfuhr, wovon er in den folgenden Jahren in Predigten und Gesprächen berichtete. Auch wir, seine Begleiter, erlebten viel Tröstliches – Heilung für Körper und Seele – an diesem gnadenreichen Ort.

Zurück in Graz begannen wir fleißig sakrale Gegenstände zu sammeln, um sie unserem Pater mitzugeben. Denn alles, was man vor dem antichristlichen und mörderischen Mob in seiner Heimat nicht in Sicherheit gebracht hatte, war, auch in den Kirchen, zerstört oder gestohlen worden. Wir begriffen, dass in Ruanda nicht nur ein Bürgerkrieg, sondern ein furchtbarer, dämonischer und antichristlicher Geist gewütet hatte. Wie sollte man anders dieses Gemetzel sonst verstehen können?

Nach einem guten halben Jahr in Österreich verabschiedeten wir den – mit acht Koffern bepackten – Pater Ubald am Wiener Flughafen. Mit weinenden Augen und schweren, aber dankbaren Herzens sahen wir, dass er seinen Frieden durch Gottes Gnade wiedergefunden hatte.

Wieder waren wir durch seinen Besuch in Graz zu den Beglückten geworden. In vielen Kirchen unserer Diözese hatte er gepredigt und durch die ihm geschenkten Charismen der Heilung und der Erkenntnis vielen Menschen Hoffnung, Versöhnung und Gesundung im Namen Jesu gebracht. Nun aber wollte Pater Ubald die Liebe Christi in seiner Heimat predigen.

5. Ein göttlicher Auftrag

UND WIE ICH LERNTE,
„JA" DAZU ZU SAGEN

Acht Jahre vergingen, bis wir im Jahr 2003 wieder Besuch aus Ruanda bekamen. Über Christa Kübler erhielten wir zwischenzeitlich gute Nachrichten vom Wiederaufbau des Landes und auch von unseren Priesterstudenten. In unserem Arbeitskreis konzentrierten wir uns in den 1990er-Jahren auf die Hilfe für Menschen im ehemaligen Jugoslawien, wo von 1991 bis 1997 brutale Kriege gewütet hatten. Wir organisierten in dieser Zeit jedes Wochenende einen Hilfstransport für die Menschen in Kroatien, Serbien, Montenegro und Bosnien-Herzegowina. Die größte Gnade war, dass wir das durchgehalten haben. Sieben Jahre lang haben wir – Woche für Woche – immer größere Autos, bis wir irgendwann auf wunderbare Weise sogar einen eigenen LKW bekamen, mit Hilfsgütern befüllt und zu den Menschen gebracht.

Wir lernten bei diesen Touren auch den bereits erwähnten Wallfahrtsort Medjugorje in Bosnien-Herzegowina besser kennen. Dort erfuhren sechs Seher am 24. Juni 1981 zum ersten Mal eine Erscheinung der Gottesmutter – mit ähnlichen Botschaften wie im selben Jahr die Seherinnen in Kibeho. Maria hatte auch dort alle Menschen zu Umkehr und Buße, Rosenkranzgebet, Frieden und Versöhnung aufgerufen – eine für uns damals sehr wichtige Botschaft, die unseren noch kleinen Glauben, unser Zutrauen in Gottes Fürsorge, hatte wachsen lassen.

Medjugorje

Von einer kaum zu erwartenden Versöhnung berichtete uns Pater Ubald, als er 2002, wieder einmal ganz unerwartet, bei uns in Graz vor der Tür stand. Dieses Mal kam er mit einem noch größeren Strahlen als bei seiner Abreise 1994. Der Pater wollte uns und Gott danken. Er berichtete, dass er allen Menschen, besonders den Mördern seiner Familie, vergeben konnte. Die Last, die er getragen hatte, war ihm tatsächlich von Jesus abgenommen worden. Stattdessen war ihm die Gabe der Vergebung und der Versöhnung mit seinen Feinden geschenkt worden.

Pater Ubald predigte wie acht Jahre zuvor wieder in vielen Gemeinden im Bistum Graz und hielt auch eine Reihe von Heilungsgottesdiensten. Er diente Menschen mit seinem besonderen Charisma der Heilung, das schon in der Bibel beschrieben wird. Nun empfingen auch in Österreich viele seelisch oder körperlich Kranke durch sein Gebet und das Wirken des Heiligen Geistes, Trost, neuen Mut und auch körperliche Heilung.

Pater Ubald feiert mit tausenden Gläubigen einen Heilungsgottesdienst

Er predigte nicht nur von der Liebe und Macht Gottes, er konnte auch von der Versöhnung erzählen, die der Vater im Himmel in Ruanda gewirkt hatte. Außerdem sei es in seinem Heimatland in den Jahren des Wiederaufbaus auch sonst stetig aufwärtsgegangen. Die Wirtschaftskraft des Landes habe sich nicht nur erholt, sondern nach dem Genozid sogar verdoppelt. Die Bevölkerungszahl sei wieder leicht über das Niveau vor dem Massaker von 1994 gestiegen. Und auch der Wiederaufbau der katholischen Kirche gehe gut voran. Trotzdem fehle es doch noch an sehr Vielem, berichtete Pater Ubald.

Zu schnell gingen die Wochen vorbei, in denen er uns mit seinen Predigten und seiner Gegenwart beglückte. Irgendwann musste und wollte er wieder zurück in sein Heimatland. Wir brachten ihn zum Flughafen und beteten gemeinsam den Rosenkranz. Da fragte ich Pater Ubald, ob er noch einen Wunsch offen hätte. Etwas verlegen erzählte er von dem Anliegen seines Bischofs Damascène, dass im Ort Bunyegeri dringend eine Kirche benötigt würde, deren Bau 15.000 Euro kosten sollte. Ich erschrak über die riesige Summe! Wie sollte ich so viel Geld auftreiben können?

Ich überlegte kurz und kam dann, ich wunderte mich selbst über mich, zu einem schnellen und klaren Entschluss. Weil es keine persönliche Bitte von Pater Ubald, sondern das Anliegen des Bischofs seiner Diözese war, akzeptierte ich diesen Wunsch, als wäre er der Wille Gottes. Man mag über einen so naiven Gedanken den Kopf schütteln, aber mir leuchtete das sofort ein und ich gab Pater Ubald mein Ja-Wort zu dem Auftrag, das Geld für den Bau der neuen Kirche zu besorgen.

Ich sagte ihm beim Abschied fest zu, dass ich das Geld schon auftreiben würde. Schon bei unseren Hilfstransporten in das ehemalige Jugoslawien hatte ich die große Hilfsbereitschaft vieler erlebt. Aber würden die Menschen auch bereit sein, für ein Kirchengebäude in Ruanda zu spenden, kamen bei mir nach meiner Zusage doch leichte Zweifel. Ich wusste es nicht und konnte es natürlich auch nicht voraussehen.

Pater Ubald bemerkte vielleicht meine Unsicherheit und erklärte, wir sollten doch gleich in der Flughafenhalle niederknien und beten. So machten die Christen das in Afrika. Egal, was die anderen Leute dachten – niederknien und beten. Gott mag solche Gebete auf den Knien, so peinlich sie uns auch erscheinen mögen! Zum Abschied umarmte mich Pater Ubald, pries, lobte und dankte Gott, als ob die 15.000 Euro schon gespendet worden wären und lud mich gleich ein, bei der Einweihung der Kirche im nächsten Jahr dabei zu sein. Pater Ubald hatte größtes Vertrauen ins Gebet. Wunder überraschten ihn nicht.

6. Gelobtes Land

WARUM AUSGERECHNET
IN DIESEM GEBEUTELTEN LAND
GOTT SO VIEL GELOBT WIRD

Ein Jahr später erhielten wir tatsächlich die Einladung zur Einweihung der Kirche in Bunyegeri. Wir landeten mit einer größeren Gruppe aus Österreich in „unserem gelobten Land" – so nannte ich Ruanda, denn das wurde es für mich und uns. Hier lobten die Christen Gott so oft. In ihrer materiellen Armut trauten sie dem Vater im Himmel, seinem Sohn Jesus Christus und dem Wirken des Heiligen Geistes, Großes zu. Und Gott übertraf oftmals die Erwartungen und Wünsche, die sie im Gebet äußerten.

Auch im Sommer 2003 war das Klima in Ruanda – wie so oft zu dieser Jahreszeit – sehr angenehm. Die Sonne schien oft und es fiel wenig Regen. Wir landeten wieder auf dem Flughafen der Hauptstadt Kigali. Neben Mitgliedern unseres Arbeitskreises und Christa Kübler, die mir dessen Leitung im Vorjahr übergeben hatte, waren auch mein Sohn Franz, meine 14-jährige Enkelin Theresa und meine Nichte Andrea mit von der Partie.

Wir staunten nicht schlecht, als Pater Ubald uns beiläufig erzählte, dass statt der einen Kirche, die er im Auftrag des Bischofs bauen sollte, gleich drei Kirchen entstanden waren. Wie kam es zu dieser wundersamen Kirchen-Vermehrung, obwohl die Summe von 15.000 Euro, die wir über Missio Österreich nach Ruanda überwiesen hatten, gleichgeblieben war?

Wir erfuhren, dass so viele Christen aus der Gemeinde beim Bau der ersten Kirche mitgeholfen hatten, dass genug Spendengeld übriggeblieben war, um das Baumaterial für zwei weitere Kirchen zu kaufen. Gemeindemitglieder hatten neben ihrer Arbeitskraft auch noch Zement und Steine für den Kirchenbau beigetragen, während ein Landwirt einen großen Baum gespendet hatte, den die Zimmerleute für den Dachstuhl verwenden konnten.

Diese Kirche wurde dem Heiligen Paulus geweiht.

Staunend standen wir vor diesen Kirchen, die wir in Österreich vielleicht eher als kleinere Lagerhallen angesehen hätten. Doch unsere Mitchristen aus Afrika störte die Einfachheit der Gebäude nicht. Zur Einweihung waren sie festlich geschmückt. Mit einem fast einen Kilometer langen Spalier auf beiden Seiten der Straße begrüßten die Gläubigen ihren Bischof Damascène, der zur Kirchen-Weihe gekommen war. Was für eine Freude strömte uns entgegen; was für einen Lobpreis unter den Gläubigen hörten wir – lange bevor die Feier begann.

Die Vorfreude der Menschen darauf, dass Jesus nun endlich auch in ihrem Ort im Tabernakel anwesend sein würde, begeisterte uns. Wir befanden uns tatsächlich im gelobten Land, denn die Menschen hörten nicht auf, Gott für seine Großtaten zu loben.

In der festlich geschmückten Kirche, die dem heiligen Apostel Paulus geweiht wurde, taufte Bischof Damascène an diesem Tag 27 Kinder und Jugendliche. Als nach dem Empfang des Sakraments allen – als Zeichen für die abgewaschene Sünde – weiße Taufgewänder angezogen wurden, jubelte und klatschte die Gemeinde.

Bischof Damascène tauft 27 Kinder

Tanz der Krieger

Bischof Damascene tanzt

46

Kann man sich bei uns in Österreich oder Deutschland einen solchen Jubel – und sei er nur innerlich – vor oder nach einer Tauffeier vorstellen? So arm die Kinder und ihre Familien waren, zur Feier der Heiligen Taufe hatten sie die beste Kleidung angezogen, die sie besaßen oder in der Verwandtschaft ausleihen konnten. Ich war zutiefst betroffen von dem Glauben der Menschen und ihrer Dankbarkeit dafür, dass „Jesus nun in ihrem Dorf lebe", wie sie es formulierten. Haben auch wir dieses Bewusstsein, dass Jesus im Tabernakel in unseren Kirchen lebt?

Nach der Weihe der Kirche durch den Bischof feierten die Gläubigen in ihren farbenprächtigen Kleidern im Freien weiter. Es gab Bananenbier für die geladenen Gäste und genug zu essen und zu trinken für die vielen tausend Christen, die – auf mühsamen Wegen und oft zu Fuß – von weither gekommen waren. Gemeinsam sangen sie die typisch rhythmischen afrikanischen Lieder in Begleitung der Trommeln.

Natürlich durften Ansprachen nicht fehlen (es waren einige), bis kurz vor Einbruch der Dunkelheit der „Tanz der Krieger" und die Abendvesper die Feier abschlossen. Die große Gemeinde der Gläubigen versammelte sich auf dem Platz vor der neu geweihten Kirche. Wieder brandete Lobpreis und ein großer Dank zu Gott auf; der Bischof spendete uns den Segen und beglückt fuhren wir zurück in unsere Gastquartiere.

Was macht den Unterschied zwischen der Kirche in Ruanda und Österreich aus, schoss es mir bei der Heimfahrt immer wieder durch den Kopf? Im Jahr 2000 lag das Einkommen pro Kopf (BIP) in Österreich bei 24.500, in Ruanda bei 667 US-Dollar. Eine gewaltige Differenz im materiellen Reichtum. Aber woraus resultierte der Unterschied im geistlichen Reichtum?

Wir lesen die gleiche Bibel, es gilt der gleiche Katechismus, wir haben denselben Papst. Aber mir scheint, dass wir in Österreich häufig einem Geist des Materialismus folgen, statt dem „Saint Esprit", wie der Heilige Geist in Ruanda oft genannt und angerufen wird. Die Kirche in Europa ist in Wirklichkeit die ärmere Kirche – wir brauchen geistliche Entwicklungshilfe!

7. Richtig glauben

IN RUANDA HABE ICH SEHNSUCHT NACH DEM HEILIGEN GEIST BEKOMMEN

Im Rückblick auf meine Kindheit, meine Taufe, Erstkommunion und Firmung, muss ich bekennen: Ich habe Gott nicht wirklich gekannt. Vom Heiligen Geist hatte ich in dieser Zeit noch nie etwas gehört oder verstanden. Dabei wird der Geist der Wahrheit doch von Jesus im Johannesevangelium als der Tröster und sein Stellvertreter auf Erden angekündigt. „Ohne mich bzw. meinen Stellvertreter könnt ihr nichts tun", warnte Jesus seine Jünger in weiser Voraussicht (Johannes 15,5).

Erst in Ruanda, als ich den lebendigen Glauben der Menschen miterlebte, habe ich selbst richtig zu glauben und zu beten begonnen. Die Christen in Ruanda haben mich im wahrsten Sinne des Wortes inspiriert – sie haben mich neugierig auf den Heiligen Geist gemacht. Dass der Glaube an die leibhaftige Auferstehung unseres Herrn – und unsere eigene Auferstehung von den Toten – durch den Heiligen Geist bewirkt werden kann, das wusste ich vorher nicht, das habe ich erst in Ruanda mit dem Herzen empfangen dürfen.

Als ich dort mehr und mehr vom „Saint Esprit" erfuhr, diesem geliebten Geist Gottes, wurde meine Sehnsucht stärker, ihn zu kennen. Ich öffnete mich für seine Fülle und seine Gaben, als ich die Christen sah, die – auf Knien oder mit erhobenen Händen – den einzigen und wahren Gott anbeteten. Auch viele Seminare mit Priestern aus Südindien haben meine Sehnsucht nach dem heiligen Geist verstärkt. Früher hatte ich nichts mit ihm anfangen können, jetzt ließ ich mich – auch mal auf Knien betend – von ihm leiten.

Eine Kirche ohne den Heiligen Geist kann in Wirklichkeit nichts tun, eine Kirche mit dem Geist Gottes kann alles tun. Eine geisterfüllte Kirche kann für das Heil und die Rettung der Menschen so viel mehr wirken, als wir uns vorstellen können. Eine Kirche mit viel Geld und den schönsten Gebäuden hingegen kann, wenn sie den Geist nicht hat, wirklich gar nichts für das Heil der Menschen tun.

WIE SOLL ICH DAS MACHEN?
80.000 EURO AN SPENDEN SAMMELN?

Dass allerdings auch eine von diesem Geist bewegte Gemeinde gewisse materielle Bedürfnisse hatte, erfuhren wir am nächsten Tag von Bischof Damascène. Er hatte uns nach der Einweihung der Kirche zum Mittagessen eingeladen. Er dankte uns sehr für unsere Spenden und unser Kommen, und kam dann ohne Umschweife auf zwei neue Projekte zu sprechen.

Ich verstand nicht alles, weil er mit Christa Kübler Französisch sprach und für uns übersetzt werden musste. Doch langsam ahnte ich die Größe dieser Projekte: Es ging um den Bau von Pfarrhäusern in den Orten Mazhuyza und Yove, beide in Bischof Damascène's Bistum Cyangugu gelegen.

Wir erfuhren, dass in Yove 15.000 katholische Christen sehnsüchtig darauf warteten, endlich einen eigenen Pfarrer zu bekommen. Doch Bischof Damascène hatte, in Yove wie in Mazhuyza, zur Voraussetzung dafür gemacht, dass die Gemeindemitglieder zuerst ein Pfarrhaus bauen mussten.

Ich hörte aus dem Gespräch heraus, dass immer wieder von 80.000 benötigten Euro die Rede war. Mir schwindelte der Kopf. Wie sollte ich eine so große Summe in meiner Familie und bei meinen Bekannten zusammenbekommen? Ich hatte schon für das letzte Projekt alle Freunde und Verwandte angebettelt und manche Abfuhr erhalten.

Christa Kübler versprach, sich bei Missio Aachen und Missio Österreich zu erkundigen, ob eine Förderung möglich wäre. Doch es sah nicht danach aus, dass wir die Spendengelder – noch dazu in relativ kurzer Zeit – bekommen könnten. Und tatsächlich: Beide

Organisationen hatten alle Fördergelder bereits vergeben und konnten keine weiteren Zusagen machen.

Dann stellte sich heraus, dass eine so große Summe wie anfangs vermutet, gar nicht sofort benötigt wurde. In Yove hatte die Gemeinde schon einen Rohbau errichtet. Um das Pfarrhaus fertigzustellen, fehlte nur noch das Geld für weiteres Baumaterial. Als ich mir vorstellte, dass dort 15.000 katholische Christen so sehnsüchtig auf einen Priester warteten und so kurz vorm Ziel waren, ging mir diese Not durch Herz und Nieren.

Bischof Damascène zeigt auf den Rohbau des Pfarrhauses

Mir kam die Idee, direkt beim Vorsitzenden des Bauprojekts fragen zu lassen, wie viel Geld sie für die Fertigstellung genau brauchen würden. Wie aus der Pistole kam die Antwort: 17.000 Euro. Das war genau der Betrag, den ich am 1. Juni 2003 von meinem Arbeitgeber zum Eintritt meiner Pension als Abfindung erhalten hatte. Schnell reifte in mir der Entschluss, diesen Betrag zu spenden. Es konnte kein Zufall sein, es musste ein Zeichen der Gnade Gottes bedeuten, dass beide Beträge gleich hoch waren. Ich sprach mit Christa Kübler über mein Vorhaben. Sie warnte mich davor, meine Idee den Verantwortlichen mitzuteilen, denn diese würden eine solche mündliche Erklärung sehr ernst nehmen.

Ich erklärte, dass es mir tatsächlich ernst sei – ich wollte diesen armen Christen in Yove so schnell wie möglich zu einem Pfarrer verhelfen. Und so ließ ich mit großer Herzensfreude den Verantwortlichen der Gemeinde mitteilen, dass ich bereit war, 17.000 Euro für die Fertigstellung des Pfarrhauses zu spenden. Jubel soll in der Gemeinde ausgebrochen sein, als man von meiner Bereitschaft hörte, doch es kam anders und noch besser: Gott ist groß und großzügig!

Theresa Schröttner, Christel Paar, Dr. Christa Kübler, Bischof Damascène und Karl Paar

Wenige Tage nach unserer Rückkehr nach Österreich hatte ich die Gelegenheit, auf Radio Maria über unsere Reise zu berichten. Leichthin und nur zum Spaß sagte ich am Schluss der Sendung: „Wenn mir heute 17.000 Menschen zuhören, und jeder gibt nur einen Euro, ist die Summe schnell beisammen." Kurz nach Ausstrahlung der Sendung rief Anna Ostermair aus Deutschland bei Radio Maria an und sagte, sie würde gerne die 17.000 Euro für das Pfarrhaus spenden.

Die gute Frau, eine Bäuerin, erzählte mir später, dass sie nicht reich sei, sondern das Geld aus Dankbarkeit den Christen in Ruanda geben wolle. Sie sei vor nicht langer Zeit von einem großen Unglück bewahrt geblieben: Ihr Mann habe einen schweren Unfall überstanden und die Versicherung gerade ein Schmerzensgeld von genau 17.000 Euro ausgezahlt. Diese Summe wolle sie nun für den Bau des Pfarrhauses spenden. Ich lud sie ein, im nächsten Jahr zur Einweihung desselben nach Ruanda mitzukommen. Sie lehnte ab, wollte aber gern ihre Tochter mitschicken.

8. Gott kann alles

WIE 21 KIRCHEN GEBAUT UND 4,6 MILLIONEN EURO GESPENDET WURDEN

Im Sommer 2004 brachen wir, gemeinsam mit unserem Gemeindepfarrer Hermann Glettler, der 13 Jahre später zum Bischof von Innsbruck geweiht werden sollte, wieder nach Ruanda auf. Gleich nach unserer Ankunft dort durften wir an der festlichen Weihe einer kleinen Kapelle im Haus Franziskanischer Schwestern teilnehmen. Und schon am Tag darauf erwartete uns eine noch tiefere Freude und größere Feier:

In Yove war das große Pfarrhaus fertiggestellt worden. Bereits 500 Meter vor dem Ort war der Weg, den wir mit Bischof Damascène und Pfarrer Glettler nahmen, mit klatschenden und jubelnden Menschen gesäumt. Sie tanzten und sangen, die Bäume waren mit bunten Papieren geschmückt und auf Schildern stand „Bienvenue cordialement!" oder, extra für uns: „Herzlich willkommen!". Eine Begrüßung mit mehr Liebe konnte ich mir kaum vorstellen; nie hatte ich etwas Ähnliches zuhause erlebt.

Auch die Tochter der lieben Spenderin von 17.000 Euro, Rose-Marie Ostermair, war nach Ruanda gekommen und staunte nicht schlecht: Auf einem Foto wurde uns noch ein riesiger Berg von Ziegelsteinen präsentiert. Wie viele fleißige Hände hatten in der Zwischenzeit im Schweiße ihres Angesichts geschuftet und gearbeitet! Und nun standen wir vor dem fertigen Pfarrhaus, das mit einer grünen Girlande geschmückt worden war.

Frau Rose-Maria Ostermair die edle Spenderin

Neben Bischof Damascène war auch Bischof Thaddäus Ntihinyurva, der heute Erzbischof in Ruanda ist, zur Weihe des Pfarrhauses gekommen. Viele tausend Gläubige begleiteten mit Tanz, Jubel und Gesängen die Weihe, die von den Bischöfen gespendet wurde. Auch unser Pfarrer war tief beeindruckt. Hatte man solch eine festliche Weihe bei einem Pfarrhaus in Österreich schon einmal gesehen?

Erzbischof Thaddäus Ntihinyurva und Bischof Damascène bei der Einweihung des Pfarrhauses in Yove

Pfarrer Hermann Glettler

Hier zeigte sich wieder einmal der große Unterschied zwischen beiden Ländern. Während in Österreich durch die Gelder des Kirchenbeitrags Kirchen und Pfarrhäuser scheinbar wie von selbst entstehen, mussten die afrikanischen Christen in Yove jahrelang um ein Pfarrhaus kämpfen und beten. Dass schließlich eine relativ arme Bäuerin aus Deutschland den meist armen Bauern im südöstlichsten Zipfel Ruandas ein halbes Pfarrhaus spendieren würde, das schien kaum vorstellbar und galt unter allen Gläubigen als Wunder.

Gleichzeitig mit der Weihe des Pfarrhauses, wurde durch Bischof Damascène eine neue Filialgemeinde aus der Taufe gehoben. Pater Roberto wurde als Pfarrer eingesetzt und auf das herzlichste begrüßt. Eine lange Kette von Gläubigen stellte sich beim neuen Pfarrer und den beiden Bischöfen an, um von ihnen den Segen zu empfangen.

Endlich hatte die Gemeinde einen Hirten bekommen, um das Wort Gottes zu verkünden und neue Christen zu gewinnen; endlich konnten die Sakramente empfangen werden. Wie groß war die Sehnsucht der Herde Christi nach einem guten Hirten gewesen, der sie mutig gegen die Angriffe von Wölfen in jeder Form verteidigen würde. Genau zehn Jahre zuvor hatten die Wölfe noch in grausamster Weise an diesem Ort gewütet, aber nun lag eine gute Zukunft vor der Gemeinde. Davon waren alle Feiernden überzeugt.

Vom Glauben und der Freude dieser Menschen fühlten wir uns regelrecht angesteckt und kamen uns ein bisschen vor wie im siebten Himmel.

WIE SOLLEN WIR DAS SCHAFFEN?
WIE SOLL ICH DAS MACHEN?

Bischof Damascène sah den Jubel auf unseren Gesichtern und erkannte die Freude in unseren Herzen. Als allein verantwortlicher Bischof für das Bistum Cyangugu hatte er eine Reihe von Plänen und Projekten im Kopf, für die er betete und deren Realisierung er erhoffte. Nun sah er eine günstige Gelegenheit und erzählte uns, dass viele Christen in anderen Gemeinden immer noch beteten und darauf vertrauten, dass Gott auch ihnen Hilfe zum Bau von Kirchengebäuden schicken würde. Sie hätten, ähnlich wie in Yove, schon viel in Eigenarbeit und durch Spenden beigetragen, seien aber jetzt kräftemäßig und finanziell ausgeblutet und bräuchten Hilfe.

Es ging ihm um den schon erwähnten Bau eines neuen Pfarrhauses in Mazhyuza und um eine Kapelle der Barmherzigkeit im ganz abgelegenen Ort Mushaka. Ein Betrag von etwa 40.000 Euro wäre dafür notwendig, rückte der Bischof nach langen Erklärungen schließlich etwas verlegen heraus. Er konnte wohl spüren, wie unvorstellbar groß uns diese Summe vorkam.

Und tatsächlich bekam ich einen Schreck. Wie sollte ich diese Summe zusammenbekommen? Ich hatte eben schon für die letzten Projekte so viele Menschen angebettelt. Pfarrer Glettler versprach zwar, für diese Projekte auch in der Pfarrgemeinde in Graz und in unserem Bistum zu werben, aber wahrscheinlich würden nur wenige hundert oder tausend Euro dabei zusammenkommen. Er erklärte nichtsdestotrotz sehr zuversichtlich:

„Das Wesentliche schenkt Gott. Er braucht uns nur als seine Werkzeuge, um sein Werk der Liebe zu tun."

Diese ermutigenden Worte nahm ich dankbar auf und vertraute in einem langen Gebet all meine Sorgen und Zweifel, ob wir 40.000 Euro für diese beiden Projekte zusammenbekommen würden, der Gottesmutter an.

Ich war überzeugt: Die allerseligste Jungfrau Maria könnte uns eine solche Summe bei ihrem Sohn Jesus erbitten. War dies bloß ein Irrglaube, ein Traumschloss, das ich mir einbildete?

EIN BRENNEN IN MEINEM HERZEN, DAS MEINEN GLAUBEN VERWANDELTE

Ich spürte, während ich betete, ein Brennen in meinem Herzen. Ich kannte dieses Brennen, das der Heilige Geist vielen Gläubigen in Ruanda schenkt, noch nicht so richtig. Es war eine neue Erfahrung mit dem dreifaltigen Gott, die ich so noch nicht erlebt hatte. Aber ich spürte plötzlich eine Zuversicht in mir aufsteigen, dass die 40.000 Euro für das neue Pfarrhaus und die Kapelle, allein durch Gottes Hilfe, rechtzeitig zusammenkommen würden.

Durch dieses Brennen in meinem Herzen, das ich durch den Heiligen Geist erlebte, geschah ein Wandel in mir. Meine Überzeugung war auf einmal: „Nicht mehr ich – der Herr wird machen!" Und ich glaubte, dass ich Wunder über Wunder erleben würde. Ich müsste nur mein „Ja" zu einem Auftrag geben – wenn er wirklich von Gott kam, und davon war ich, im Fall der von Bischof Damascène so bescheiden geäußerten Bitte, überzeugt.

Vorher, als ich noch alles selbst machen wollte, schien es mir unmöglich, diese Summe aufzutreiben. Mit meinem vom Geist Gottes gewandelten Herzen stellten sich die Dinge plötzlich ganz anders dar. Ich blickte voll Vertrauen in den Himmel, in Gottes Reich, wo unendlich viele Gelder darauf warten, für die Kirche auf Erden freigesetzt zu werden.

Dass diese Gelder nicht im armen Ruanda, sondern im 35-mal reicheren Österreich oder seinen Nachbarländern abzurufen wären, war mir klar. Die Christenheit in Ruanda war reich an Freude, Glaube, Hoffnung und vor allen Dingen Liebe. Natürlich brauchte sie nach den Schrecken des Genozids viel Barmherzigkeit und Versöhnung – dafür versprachen wir auch zu beten.

Ich kann die Geschichte des Spendensammelns abkürzen. Mit Gottes Hilfe, versorgt aus seinen unendlichen Schatzkammern, konnten wir das neue Pfarrhaus in Mazhuyza und die kleine Kapelle der Barmherzigkeit in Mushaka schon im Jahr 2006 einweihen. Wieder brach die uns schon bekannte große Freude bei den Gläubigen aus.

In dieser Barmherzigkeitskapelle in Mushaka ist jeden Tag 24 Stunden Eucharistische Anbetung

Einweihung des Pfarrhauses in Muganza

Je mehr wir solche Wunder erlebten, desto mehr fühlten wir uns in unserem Arbeitskreis ermutigt und motiviert für weitere Projekte Spendengelder zu sammeln. Wir wollten nicht mehr zögern und zweifeln, wenn uns Bischof Damascène noch größere Anliegen anvertraute, sondern trauten Gott auch Größeres zu. So sind von 2002 bis 2021 einundzwanzig Kirchen gebaut worden. Insgesamt 4,6 Millionen Euro Spendengelder flossen in die verschiedenen Projekte, den erwähnten Neubau von Kirchen, aber auch von Schulen und Kindergärten und hunderten Wohnhäusern und in den Aufbau verschiedener Ausbildungswerkstätten und landwirtschaftlicher Initiativen. Von 2019–2021 übrigens wurde mehr Geld gesammelt als je zuvor im Zeitraum von zwei Jahren. Da ist es aber immer um Maßnahmen gegen den Hunger gegangen oder die Erfüllung von Hygiene-Vorschriften.

Ja, unser Gott kann! Er kann große, für uns kleine Menschen unverstellbare Dinge bewirken und Wunder vollbringen – nicht nur in Ruanda, sondern überall! Ich werde um das zu veranschaulichen, jetzt von einigen meiner Lieblingsprojekte berichten.

9. Mein Lieblingsprojekt

HÄUSER FÜR WITWEN UND WAISEN

In einer Nacht hatte ich einen Traum. Ich lag in meinem Bett in Graz und sah hunderte, ja tausende arme und einsame Kinder, die verwahrlost und mit aufgeblähten Bäuchen (wegen der Würmer) auf der Straße lebten. Dazu sah ich viele Witwen, deren Männer getötet worden oder fortgelaufen waren.

Zwei Tage später erhielt ich von Pater Jaques, der damals Pfarrer unserer Partnergemeinde Nyamasheke war und uns heute in unserer Pfarrgemeinde in Graz als Kaplan dient, einen Brief. Er schilderte mir wortreich und detailliert das Elend der vielen Waisenkinder und Witwen, das ich bereits im Traum gesehen hatte. Ich hatte mir schon abgewöhnt, an Zufälle zu glauben und erkannte den Brief sofort als einen Hinweis Gottes.

Als wir dann im Jahr 2006, wieder mit einem Team, darunter auch meine Enkeltochter Maria, nach Ruanda flogen, waren wir eigentlich nur zur Einweihung des großen neuen Pfarrhauses in Muganza (Muganza war der Name der neuen Pfarre im Ort Mazhuyza) eingeladen. Wir saßen bei der Feier in der ersten Reihe und bekamen die riesige Freude der Gläubigen am eigenen Leib zu spüren.

Ich war außerdem froh, dass keine neuen Bitten um Spenden an mich herangetragen wurden, wusste jedoch, dass ich mich nicht querlegen dürfte, wenn ich solche Bitten hören sollte. Gottes Wille, wie es im Vaterunser heißt, soll nicht nur im Himmel, sondern auch auf der Erde geschehen. Und so kam das neue Projekt schneller als erwartet.

Anton Kiebacher, Margit Wieser, Maria Riedl (Enkeltochter von Traude) und Christa Kübler

So gut und richtig es war, für den Aufbau der Kirche zuerst den Bau von Kirchen, Pfarrhäusern und Kapellen zu unterstützen, kam nun das alltägliche Leben der Menschen in unseren Blick. Es war richtig, zuerst den Glauben der Menschen zu stärken. Durch die gespendeten Sakramente und das Wirken Jesu fanden sie dann die notwendige Motivation zur Verbesserung ihrer Lebensverhältnisse. Daher müssen, nach unserer Erfahrung, zuerst eine Kirche und ein Priester da sein, bevor die Verbesserung der Lebensverhältnisse in die Planung genommen wird. Pater Ubald sagte dazu immer: „Jesus muss bei ihnen leben." Alles andere kam dann von selbst. Wenn die Menschen erst einmal begonnen hatten zu beten, regelte Jesus alles andere.

Nun also führte uns Pater Jaques zu einem 16-jährigen Mädchen mit seinen fünf jüngeren Geschwistern. Alle sechs lebten in einer armseligen Lehmhütte, deren Dach nur notdürftig mit Bananenblättern gedeckt war. Beide Elternteile der Kinder waren schon gestorben. So musste die älteste Schwester allein für alle sorgen. Die sechs schliefen gemeinsam auf einer dünnen Matte direkt auf dem Fußboden. Der einzige vorhandene Kochtopf stand auf der Feuerstelle und hinter dem Haus befand sich ein Loch in der Erde für die Notdurft, nur von einem zerrissenen Vorhang unzureichend geschützt.

Ihre Eltern sind an AIDS verstorben, die 16- Jährige sorgt für ihre 5 Geschwister.

Ich war erschüttert, als ich dieses Elend sah. Ich war in Österreich selbst als ein armes und oft alleingelassenes Mädchen großgeworden – auch deshalb ging mir dieses Elend durch Mark und Bein. Seit meine geliebte Religionslehrerin mir Schritt für Schritt den Weg zur Kirche geebnet hatte, seit der Predigt von Pater Leppich im Jahr 1961, hatte ich so viel Segen und so viele Gnaden von Gott erlebt. Ich bekam sofort die Hoffnung und den Glauben, dass Er auch hier Wunder um Wunder tun könnte.

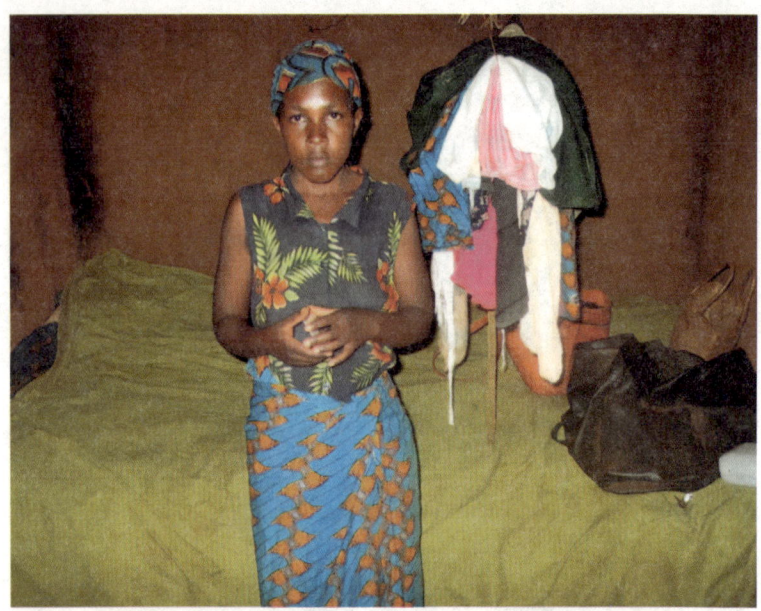

Auf dieser Matte schlafen 6 Personen. Im Hintergrund: „Der Kleiderschrank" – ist ein Strick, auf dem die Sonntagstücher hängen.

Ja, Gott kann aus einem sehr armen Menschen durch den Reichtum seiner Gnade etwas machen, das hatte ich bei mir selbst erlebt! Ich war ein schüchternes, gehemmtes und verletztes Mädchen gewesen, aber Gott hatte etwas aus mir gemacht. Nicht mir jubelten die Menschen zu, wenn ich vor tausenden von dankbaren Christen in Ruanda bei der Weihe kirchlicher Gebäude stand, sondern Ihm. Er allein kann Großes tun. Und gerade, wenn man unter Tränen sät, wird oft eine große Ernte eingefahren (Psalm 126).

Traude tanzt

So sahen wir nicht nur das Elend dieser alleingelassenen Frauen und Kinder vor uns, sondern im Glauben an die Möglichkeiten Gottes auch schon neue Häuser entstehen. Das war kein Glauben an das Sichtbare. In uns entstand ein Glaube, an das noch Unsichtbare, das Gott tun würde.

Wir glaubten daran, dass kleine rechteckige Wohnhäuser mit einem ordentlichen Dach entstehen würden. In diesen, für unsere europäischen Verhältnisse sehr bescheidenen, Häusern, sollte es zumindest drei oder vier Zimmerchen geben, denn die Familien waren meist größer als bei uns. Und tatsächlich entstanden solche Häuser, nicht nur 10 oder 100, sondern schlussendlich 760 – und wahrscheinlich bis heute noch viel mehr. Wir bauten Häuser für Witwen, die dann in der Lage waren, Waisenkinder aufzunehmen. Als wir mit diesem Projekt begannen, nannten wir so ein kleines Zuhause Witwenhaus. Später, als es dann auch Häuser für Familien in Not gab, wurden sie in „Häuser für Arme" umgetauft. Sie bestanden aus guten, stabilen Lehmziegelwänden, vier kleinen Räumen, einem ordentlichen Dach und einem kleinen Nebengebäude für Dusche, Toilette und Küche. So waren Frauen und Kinder vor Regen, Sonne und Ungeziefer geschützt – sogar beim Kochen. In jedem neuen Haus lag als Geschenk zur Einweihung auch eine Bibel in der Landessprache Kinyarwanda.

Das neue Haus mit Nebengebäude (WC, Handdusche und Kochstelle) und Regenwassertank

Jedes Mal, wenn ein solches Haus für die Armen von den Priestern eingeweiht wurde, kam die ganze Dorfgemeinschaft zusammen und feierte gemeinsam. Alle freuten sich mit der Familie. Dabei staunten wir über die Selbstlosigkeit der Menschen. Oft hatten die Nachbarn beim Bau des jeweiligen Hauses mit eigenen Händen mitgeholfen. Und doch war keiner neidisch auf das Glück der neuen Hausbesitzer, obwohl viele im Dorf selbst noch in einer armseligen Hütte oder unter einem Zeltdach aus Plastikfolie hausen mussten.

Die Feier zur Hauseinweihung

Tänze, Gesang und große Freude

Auch die Freude der ersten Spender dieser Häuser, die aus Österreich, Deutschland, Italien, der Schweiz oder dem Rest Europas kamen, war sehr groß, besonders wenn sie vor Ort die Begeisterung der Menschen über ihr neues Zuhause erlebten. Manche hatten über meine Berichte bei Radio Horeb, Radio Maria oder beim Fernsehsender k-tv von der Situation in Ruanda gehört und fühlten sich inspiriert, etwas Gutes zu tun.

Nun erfuhren sie, wie mit relativ wenig Geld wirklich geholfen werden konnte. Dieses Erleben der Dankbarkeit der Familien in Ruanda und die Freude über das Eingreifen Gottes wirkten unglaublich motivierend. Nie hätten wir sonst, allein durch unsere Beredsamkeit, 760 Häuser bauen und finanzieren lassen können.

Diese Witwe sorgt für fünf Kinder

Zugegeben, als wir das erste Mal vor der brüchigen Lehmhütte des 16-jährigen Mädchens mit ihren fünf Geschwistern standen, hatten wir uns natürlich gefragt, wie wir da helfen könnten. Das Elend schien so groß und unsere Möglichkeiten so klein. Aber wieder und wieder verwandelte Gott durch seine Gnade und seinen Geist unser Herz und wir erfuhren: Er kann es.

Das Klo-Häuschen vor dem Neubau

In Afrika haben wir gelernt, wie die Liebe zu Gott und unter den Menschen aussieht. Gott liebt alle Armen, sagt man so schnell. Haben wir dabei auch bedacht, dass wir die wirklich Armen sind, die besonders Gottes Liebe brauchen und empfangen sollten? Die Afrikaner haben uns Europäern so viel Liebe gegeben. Wir bekamen im Gegenzug ein brennendes Herz für die Ärmsten in Ruanda.

Wenn man diese Liebe Gottes und die Liebe der Armen empfängt, dann können Wunder geschehen, dann braucht man gar nicht mehr so viel oder groß zu glauben. Gott, der Allmächtige kann alles sehr gut machen! Er, der Schöpfer von Himmel und Erde, braucht nur unser uneingeschränktes, vertrauensvolles „Ja, Amen!" Und so beteten wir oft: „Es soll alles nach deinem Wort und Willen geschehen, oh Herr". Trauen wir uns, solche Ja-Worte zu Ihm und seinen Aufträgen zu sagen. Dann erleben wir einen Gott, der Großes tut.

10. Handwerker für Ruanda

GOTT ERMÖGLICHT DIE HILFE
ZUR SELBSTHILFE

Wunder geschahen auch weiterhin und wir durften zuerst daran glauben und sie dann auch sehen. Ich kann sie nicht alle beschreiben, sonst würde dieses Buch zu dick. Aber während wir in den folgenden Jahren weiter Wohnhäuser für die Armen bauten, meldete sich immer wieder unser geliebter Bischof Damascène mit neuen Projekten zu Wort. Er bat um Pfarrhäuser, Kirchen und Kapellen, Schulen oder Kindergärten. Immer wieder sollten wir Geld sammeln, und immer – ohne Ausnahme – gelangen diese Projekte und Bauten – mit Gottes Hilfe, der Unterstützung der Spender und vieler fleißiger Hände vor Ort.

Wir sahen in all den Jahren in dem Bischof einen Mann Gottes, der uns dessen Willen, und nicht seine persönlichen Wünsche und Ideen, übermittelte. Nicht nur für seine „Kinder" im Bistum Cyangugu war er ein wirklicher Vater und Hirte, sondern auch für uns, die Spender und Beter in Europa. Leider verstarb unser lieber Freund schon im Jahr 2018 nach einer schweren Krankheit. Sein Amt übernahm Bischof Edouard Sinayobye – ein würdiger Nachfolger.

Wir glauben und hoffen, dass Bischof Damascène von unserem himmlischen Vater, von Jesus und von Maria mit offenen Armen im Himmel aufgenommen wurde. Heute kann er von dort aus umso mehr tun. Durch seine Fürbitte sollen immer mehr Menschen in Ruanda und Europa zu gläubigen und geisterfüllten Christen werden.

Doch zurück vom Himmel auf die Erde: Wir hatten nie geplant, dass wir einmal Lehrwerkstätten nach europäischem Vorbild in Ruanda aufbauen würden. Aber dann standen plötzlich 40 junge Mädchen aus armen Familien vor der Tür, die fragten, ob sie bei uns das Schneiderhandwerk erlernen könnten? Sie wollten mit der Schneiderei dabei helfen, ihre Familien zu ernähren.

Bischof Damascène

Woher sollten wir so viele Nähmaschinen bekommen, wie ein Gebäude für eine Lehrwerkstatt finden? Ein solches müsste groß genug sein, um Platz für 40 Nähmaschinen, Tische und Arbeitsmaterial, wie Stoff, zu bieten. Ein derartiges Bauwerk war weit und breit nicht zu finden.

Und dann kamen da auch noch 30 junge Burschen auf uns zu, die –
auf den Spuren Jesu, des Zimmermanns aus Nazareth – gerne das
Tischler-Handwerk erlernen oder Baumeister werden wollten. Genug
Arbeit hatten wir für die Burschen, denn viele Häuser mussten mit einfachen Möbeln eingerichtet und viele Dachstühle aus Holz gezimmert
werden. Aber woher die Maschinen und Werkzeuge nehmen, zumal
in Dörfern, wo es noch keinen Strom gab? So begannen wir mit den
40 Mädchen und den 30 Burschen für den Bau von Werkstätten sowie
für die benötigten Arbeitsmittel zu beten. Dabei fiel uns ein, dass wir
ja auch noch Lehrer für die einzelnen Handwerke brauchen würden:
Einen oder mehrere Meister für die Handwerke des Zimmermanns,
Tischlers und des Schneiders.

Wir wunderten uns zunächst etwas darüber, dass es in Ruanda
kaum gute Handwerksmeister gab. Den Menschen fehlten die grund-
legendsten Kenntnisse und Werkzeuge und Handwerksmeister, die
junge Menschen hätten ausbilden können, waren nirgends zu finden.

Wie also sollten sich die Menschen dann beim Bau von Häusern,
dem Schneidern von Kleidern oder auch in der Landwirtschaft selbst
helfen können? Sie schienen eher von Entwicklungshilfe abhängig
gemacht worden zu sein. Diese Art der Unterstützung wollten wir
unbedingt vermeiden. Aber wie sollte das funktionieren? Wir waren
nicht ausgebildet, um Konzepte für eine bessere Art der Zusammen-
arbeit zu entwickeln. So blieb uns nichts anderes übrig, als wieder zu
beten und dieses lange ungelöste Problem Gott anzuvertrauen. Und
wieder erlebten wir: Er kann!

WIE HANDWERKSMEISTER
FÜR RUANDA FINDEN?

Wir erzählten in österreichischen Radiosendungen, die auch in
Deutschland und in der Schweiz ausgestrahlt wurden, von unserer
Idee: „Wir suchen und beten für Handwerksmeister, die in ihrem

Ruhestand oder einem längeren Urlaub, bereit sind, auf eigene Kosten und ohne Lohn, junge Burschen und Mädchen zu Tischlern, Zimmerleuten oder Schneidern auszubilden." Und so fanden wir unsere wunderbaren Handwerker.

Thomas Pänitsch, Schweißerei-Meister

Nach ihren Arbeitseinsätzen in Ruanda kamen diese Handwerksmeister so erfüllt zurück, dass sie im nächsten Jahr ihren Urlaub wieder für Ruanda reservierten. Andere, die schon im Ruhestand waren, konnten viele Monate am Stück die jungen Leute ausbilden. Ihre Einsätze waren nicht nur ein großer Gewinn für die Menschen in Ruanda, sondern auch für unsere Pfarrgemeinde in Graz. Unsere Liebe zueinander wuchs und gleichzeitig meldeten sich auch aus anderen Pfarren an solchen Einsätzen Interessierte. So kam es zu einem Schneeballeffekt.

Karl Kumpitsch, Handwerksmeister für Schweißerei und Dreherei

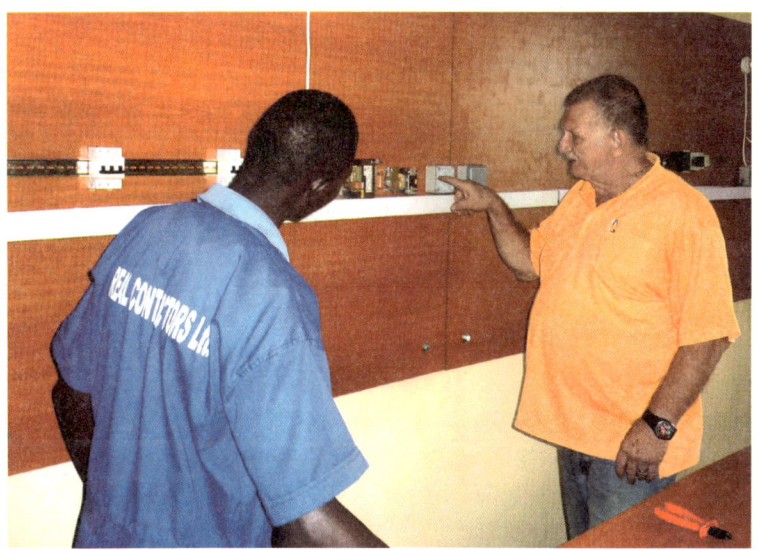

Wilfried Brosch, Elektrikermeister

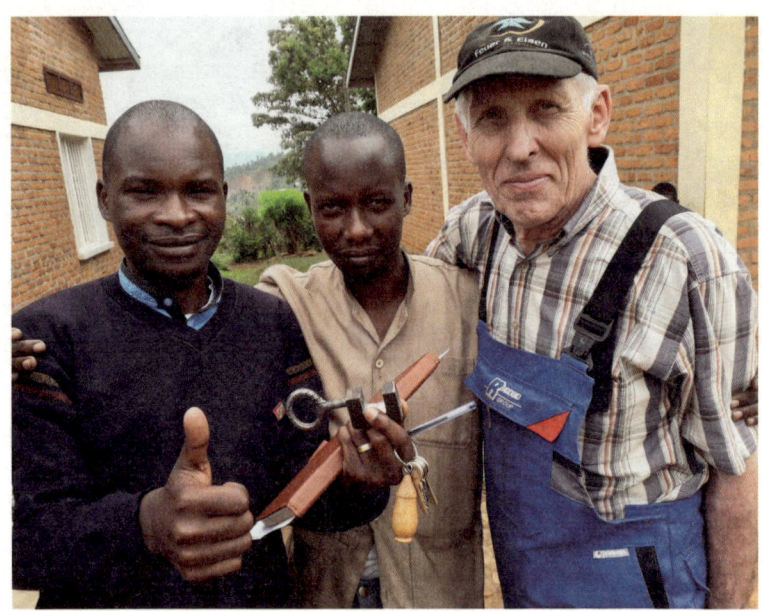
Franz Klement, Meister für Kunstschlosserei

Dass sowohl die ersten 40 Nähmaschinen als auch alle anderen notwendigen Werkzeuge und die Spenden, um Werkstätten zu bauen, wie von selbst zusammenkamen, hätte ich fast vergessen zu erwähnen. Es ging rasend schnell, dass mit Pedal angetriebene Nähmaschinen, die keinen Strom brauchten, gespendet wurden. Das Gleiche geschah mit gutem und noch brauchbarem Werkzeug und einfachen Maschinen aller Art.

Als die erste Klasse der Mädchen ihre Ausbildung zur Schneiderin erfolgreich beendet hatte, bekamen sie ein Zertifikat in die Hand und durften stolz (und auf dem Kopf) ihre eigene Nähmaschine nach Hause tragen. Sie stellten diese in ihren Heimatdörfern einfach auf einen Tisch an der Straße und eröffneten so ihre eigenen Ateliers, wie sie es auf Französisch nannten. Sie nähten und verkauften Kleidung und konnten so auch ihre Familien unterstützen.

Die großzügigen Spenden

Berufsbildung gibt Zukunft

Heimarbeit im Dorf

Ähnlich lief es mit den Burschen. Sie halfen bei unseren vielen Bauprojekten fleißig mit und lernten dabei ihr jeweiliges Handwerk gekonnt auszuführen. Ebenso stolz wie die Mädchen waren sie, als sie ihr Zertifikat erhielten und mit ihren eigenen Werkzeugen in ihre Dörfer und Familien zurückkehrten.

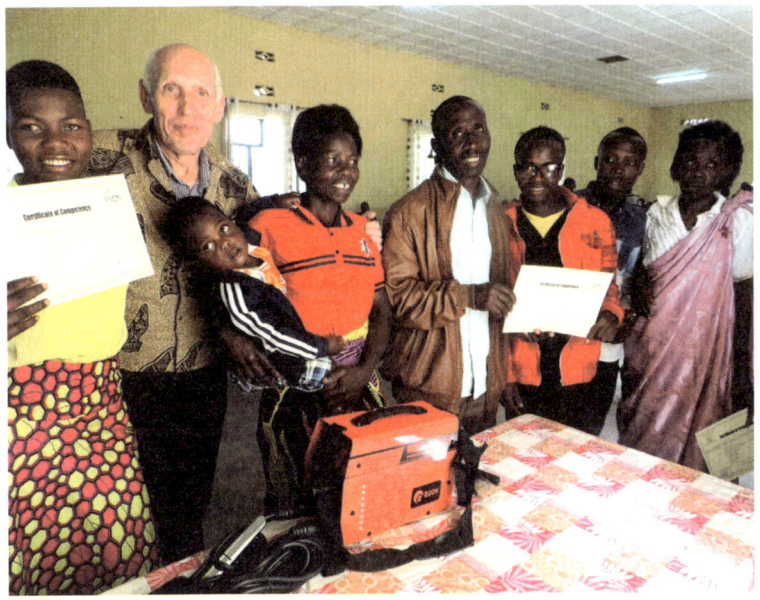

Überreichung der Zertifikate

Diese Art der Ausbildung machte in Ruanda Schlagzeilen. Aus anderen Städten und selbst aus Kigali, der Hauptstadt, kamen Nachfragen, ob man das Lehrmodell nicht auch anderswo anbieten könnte.

Wir waren skeptisch, ob man unser Programm ebenso nachhaltig an beliebigen weiteren Orten umsetzen konnte. Eine solche Hilfe zur Selbsthilfe, wie wir sie erfolgreich anbieten konnten, funktionierte nur mit Gott und mit Liebe, denn Er schenkt die selbstlose Großzügigkeit, die dafür notwendig ist. Welcher normale Handwerksmeister wäre wohl bereit gewesen, seinen Jahresurlaub zu opfern oder Jahre seines wohlverdienten Ruhestandes in Afrika zu verbringen, noch dazu unter einfachsten Lebensbedingungen?

Jede Nähmaschine, jeder Ziegel, jedes Werkzeug war letztlich von Gott erbeten worden. Deswegen wurden die jungen Männer und Mädchen mit freudigem Dank zuhause empfangen, als sie ausgelernt hatten. Gott hatte es geschenkt, dass sie nun mit ihrem Handwerk ihren Dörfern dienen und ihre Familien miternähren konnten. Die Menschen jubelten über die Gnade Jesu und die Geschenke des Heiligen Geistes, die sich hier ganz praktisch zeigten.

Das machte den Unterschied zwischen staatlicher Entwicklungs-zusammenarbeit und unserer Hilfe zur Selbsthilfe mit Gottes Hilfe aus. Die Handwerksmeister waren von Christus motiviert in Afrika zu helfen – und nicht davon, Geld zu verdienen. Im Gegenteil, sie opferten Zeit und Geld für ihre jungen Auszubildenden. Nur aus diesem Geist der Liebe und Selbstlosigkeit kann eine wirkliche Entwicklung zum Besseren gelingen.

Unsere sündhafte Motivation, uns selbst zu bereichern, sich doch korrumpieren zu lassen, ist in Afrika weit verbreitet und hat Europäer an vielen Stellen in Misskredit gebracht. Sie muss durch Jesus aus-geschaltet werden. Allein Er kann das tun. Auch Er hat sein Leben für uns hingegeben. Nur in dieser Mentalität können wir in Afrika fruchtbar werden und dienen.

Um nicht missverstanden zu werden: „Ein Arbeiter hat ein Recht auf seinen Lohn", sagt Jesus, als er die ersten 72 Jünger zur Mission aussandte. Die Jünger verhungerten nicht auf ihren Missionsreisen, weil sie in Gastfamilien herzlich aufgenommen wurden. Aber der wichtigste Lohn wurde ihnen nicht in Form von Geld oder Nahrungs-mitteln, sondern in Form von Freude ausgezahlt. Voll Freude kehrten sie heim von ihren ersten Missionsreisen, berichtet der Evangelist Lukas. Glücklich berichteten die ersten Jünger, dass sie das Evangelium vom ewigen Leben verkünden konnten, Kranke gesund und Geplagte von Dämonen befreit wurden. Mit jubelnden Herzen kehrten sie zu Jesus zurück – und Jesus jubelte ebenfalls, als die Jünger ihre Erlebnisse erzählten (Lukas 10, 1–24).

11. Die Kirche in Ruanda wächst

WIR KÖNNEN VON AFRIKA LERNEN

Manche Bistümer in Ruanda vermelden in 10 Jahren einen Zuwachs von 30 Prozent Katholiken. So viele Menschen werden getauft und bekehren sich zum (katholischen) Christentum. In den deutschsprachigen Ländern hingegen scheinen wir uns schon daran gewöhnt zu haben, dass alle 10 Jahre 10 Prozent weniger Gläubige in den Statistiken auftauchen. Wie kommt es, dass die an Geld so reiche katholische Kirche hierzulande ständig Mitglieder verliert und die arme Kirche in Ruanda wächst und wächst?

Ist das Bevölkerungswachstum der Grund für die Vermehrung der katholischen Christenheit? Nicht nur – denn die Zahl der Katholiken in Ruanda wächst schneller als die Bevölkerung. Als aus Europa die ersten Missionare das Evangelium in Ruanda verkündeten, hatten die Menschen Hunger nach einer Begegnung mit dem ihnen damals noch unbekannten, lebendigen Gott. Sie fingen an sich zu Jesus Christus zu bekehren. Heute sind etwa 90% der Menschen in Ruanda evangelische und katholische Christen. Die von Jesus geforderte Missionierung aller Menschen scheint in Ruanda schon fast zum Ziel gekommen zu sein.

DIE MISSION CHRISTI HAT IHRE WURZELN IN DEN DORFGEMEINSCHAFTEN

Schon die Missionare der Weißen Väter setzten bei ihrer Mission nicht auf große Massenveranstaltungen der Evangelisierung, sondern auf die kleinen Dorfgemeinschaften und großen familiären Verbände in Ruanda. Auch heute geschieht Mission vor allem in den Dorfgemeinschaften. Dort wirken die vom Pfarrer der Zentralkirche ausgesandten Katechisten.

Diese Männer (inzwischen gibt es auch weibliche Katechisten) sind keine geweihten Diakone oder Priester, sondern einfache gläubige Katholiken, die von ihrem Pfarrer regelmäßig unterwiesen werden und so erfahren, wie sie den Glauben vermitteln können. Sie lernen, wie man betet und Menschen anleitet, um den Heiligen Geist und dessen Charismen und Gaben zu bitten.

Unser geliebter Pater Ubald hat auf die Evangelisation vor Ort in den Dörfern immer größten Wert gelegt. Wo die Sonntagsmesse in der Zentralkirche oftmals stundenlange Fußwege erfordern, müssen die Gläubigen, genau wie die ersten Christen, die Möglichkeit haben, an Ort und Stelle ständig im gemeinsamen Gebet zu bleiben.

Dafür brauchen sie zumindest kleine Kapellen oder Versammlungsräume, weil sie sich nicht nur im Freien oder in ihren winzigen Häusern treffen können. Deshalb haben wir in einigen Dörfern kleine Kirchen gebaut, die bei Bedarf auch als Veranstaltungsräume genützt werden konnten.

Dort versammeln sich jeden Tag zehn oder mehr Gläubige zur Anbetung vor dem Allerheiligsten. Wenn das Gebet, die Quelle der Mission und der Katechese, versiegen würde, wäre es auch mit der Ausbreitung des Glaubens schnell vorbei.

Am Sonntag pilgern die Christen aus ihren Dörfern dann gemeinsam zum Gottesdienst in die große Zentralkirche und empfangen dort die Sakramente der Eucharistie, der Taufe oder der Ehe. Ich war einmal dabei, als sich gleich 28 Paare das Ja-Wort gaben. Was für ein Fest!

Wenn die Heilige Messe in der Zentralkirche, oftmals erst nach mehr als zwei Stunden vorbei ist, gehen die Christen nicht nach Hause. Gemeinsam wird das mitgebrachte Essen genossen, Lieder gesungen und Lobgebete zum Himmel geschickt. Diejenigen, die sich auf den Empfang der Sakramente der Taufe, der Erstkommunion, der Ehe oder der Firmung vorbereiten, treffen sich mit ihren Pfarrern, Diakonen oder Katechisten.

Anbetung

Lobpreis nach der Heiligen Messe

DER GRÖSSTE UNTERSCHIED
ZUR CHRISTENHEIT HIERZULANDE

Worin liegt also der große Unterschied zwischen der Christenheit in Ruanda und in Europa? Uns fehlt oft das tägliche und gemeinschaftliche Beten. Vereinzelt kommen zwar relativ viele Menschen für einen kurzen Besuch bei Jesus im Tabernakel in eine Kirche. Aber es fehlt die Gemeinschaft der Beter, die Ausdauer im Gebet, bei Priestern und Gläubigen. So kann der Heilige Geist wenig ausrichten. Seit 2000 Jahren können wir sehen, dass jeder missionarischen Aktivität das Warten, Beten, Bitten und Loben im Gebet vorausgehen muss. Sonst kann wirklich nichts geschehen, schon gar keine fruchtbare Mission.

Wir können es eben nicht tun. Jesus, der Herr von Himmel und Erde, muss zu uns kommen, sonst kann nichts geschehen. Als Pater Ubald in den Jahren vor seinem plötzlichen und unerwarteten Tod am 7. Januar 2021, den wir nach wie vor sehr betrauern, in Österreich vor vielen Menschen predigte, forderte er sie immer auf, sich vor dem Allerheiligsten und zur Katechese zu versammeln. Seine Worte fielen an manchen Orten, so auch bei uns in Graz, auf fruchtbaren Boden. Aber wir sind noch am Anfang.

Wahrscheinlich brauchen wir für einen missionarischen Aufbruch in Österreich und darüber hinaus mehr Missionare aus Afrika. Anders als die Weißen Väter, die von Europa nach Afrika gesandt wurden, brauchen wir heute Afrikaner in Europa, die uns das Beten, die Verkündigung des Evangeliums und den Missionsauftrag für alle Menschen wieder lehren.

Wir sind Bischof Edouard, Bischof Damascène's Nachfolger, besonders dankbar, dass er einer Bitte aus dem Testament seines Vorgängers gefolgt ist – dass nämlich unsere Pfarrgemeinde in Graz-Karlau immer einen Priester aus Ruanda geschickt bekommen soll. Derzeit ist – wie bereits erwähnt – Pater Jacques bei uns, und wir lieben ihn sehr.

Bischof Edouard und Pater Jacques in der Dominikus-Kapelle der Pfarre Graz St. Andrä

Warum musste ich erst nach Afrika fahren, um richtig glauben und beten zu lernen? Dort habe ich erlebt, wie vollmächtig für Kranke gebetet wurde und Dämonen aus geplagten Menschen ausfuhren. Pater Ubald, ausgerüstet mit dem Charisma der Heilung, hat uns, wenn er in Österreich war, gezeigt, dass diese Dienste auch in Europa notwendig und möglich waren.

Was wir ebenfalls in Europa so dringend brauchen wie die Menschen in Afrika, ist die Versöhnung – mit unseren Mitmenschen, und vor allem auch mit Gott. Das predigte uns Pater Ubald bei seinen Besuchen immer wieder. Er erinnerte uns daran, was Jesus ihm gesagt hatte. Unvergesslich blieb für Pater Ubald, dass er in Graz beim Beten des Kreuzwegs seine ganze furchtbare Last und Trauer über seine ermordeten Familienangehörigen abgeben konnte.

Er wurde nicht nur zum großen Versöhnungsprediger in Europa, sondern auch in den Nachbarländern Ruandas, wo ihm bis zu 50.000 Menschen zuhörten. Auch in den USA verbrachte er in seinen letzten Lebensjahren mehrere Monate, um Versöhnung und Heilung zu predigen. So viele Menschen fanden bei seinen Evangelisationen zum Glauben und entdeckten die Fülle der Gaben und Charismen, die Gott schenkt.

Priesterseminar Nyakibanda

Beten wir also und lassen uns die Freude immer wieder neu schenken. Denn die „Freude am Herrn ist unsere Stärke". Statt zu klagen, dass sich die Priesterseminare in unseren Diözesen leeren, unterstützen wir doch lieber einen jungen Priesterstudenten aus der Weltkirche. Denn in Ruanda und anderen Ländern Afrikas stehen die Bewerber Schlange vor den Seminaren, denen allerdings oft die finanziellen Mittel fehlen. Bei Missio Österreich gibt es die Möglichkeit mit einem monatlichen Beitrag die Ausbildung eines neuen Priesters zu finanzieren (der dann vielleicht auch als Missionar nach Europa gesandt wird). Ich kann das nur empfehlen. Mich haben meine Priesterpatenschaften ermutigt und inspiriert.

12. Ja sagen

GLÜCKLICHE BETTLERIN

Als ich im Jahr 1961 Pater Johannes Leppich auf dem Freiheitsplatz in Graz zuhörte, mein Herz einen Stoß bekam und ich mich – zu meiner eigenen Überraschung – bereitfand, armen Menschen in Afrika für drei Jahre zu helfen, wusste ich eigentlich noch nichts über den Glauben, die sieben Sakramente oder das Wirken des Heiligen Geistes.

Ich hörte einfach den Pater predigen und beten. Er sprach davon, dass Jesus nicht nur einigen wenigen, sondern wirklich allen Menschen das Heil und auch Hilfe in allen Lebenslagen bringen wollte. Alle Menschen sollten, das sei der Missionsbefehl Jesu, sagte der Pater, die Taufe empfangen und zu Jüngern Jesu werden. Ich verstand das damals nicht so richtig, aber ich begriff, dass die armen Menschen in Afrika nicht von der Güte und Barmherzigkeit Gottes, von seiner unfassbaren Liebe, ausgeschlossen werden durften; besonders nicht diejenigen, die toten Götzen opferten.

Meine Mission hat sich ja nun ganz anders entwickelt, als ich vor 60 Jahren gedacht und geglaubt hatte. Dafür bin ich den Christen in Ruanda, die zu meiner zweiten Familie geworden sind, unendlich, das heißt auch im Blick auf die Ewigkeit, dankbar. Als ich 1988 zum ersten Mal afrikanischen Boden betrat, waren es die Christen dort, die mich missioniert haben. Es waren die afrikanischen Christen, die mich missioniert hatten, nicht umgekehrt. Sie erzählten mir vom Heiligen Geist und wie man die dritte göttliche Person ansprach. Sie zeigten mir, wie man den Engel des Herrn und den Rosenkranz mit dem Herzen betete und dass man dabei auch Wunder erleben konnte. Das alles wusste ich nicht, obwohl unsere beiden Kinder katholisch getauft worden waren. Mein geliebter Mann und ich hatten uns auch das Sakrament der Ehe gegenseitig gespendet, aber kaum etwas hatten wir zu dem Zeitpunkt von den Schätzen der christlichen Ehe gewusst.

Statt einzelne Kranke zu pflegen oder hungernden Kindern zu helfen, was ich mir im Jahr 1961 vorgestellt hatte, war ich zum Spendensammler geworden! Statt mehr oder minder aus Mitleid armen Afrikanern zu helfen, war aus mir armer Katholikin jemand geworden, den die Afrikaner mit Glauben, Freude und Liebe beschenkt hatten.

Die Christen in Ruanda hatten mich mit Gottes Hilfe motiviert, in meinem Ruhestand als Bettlerin für neue Kirchen, Schulen, Kindergärten oder Werkstätten zu arbeiten. Diese Aufgabe war nicht immer angenehm, ich musste hart arbeiten und viele Abfuhren und Enttäuschungen einstecken, aber Gott hat letztlich 4,6 Millionen Euro aus Seinem großen Guthaben der Gnade im Himmel auf die Erde überwiesen.

„Wer mit Tränen sät, wird mit Freude ernten", heißt es in einem schon erwähnten Psalm. Das habe ich erlebt. Als Nachfolger auf dem Kreuzesweg Jesu müssen wir auch manches Leid, große Herausforderungen, viele Ängste und Ärgernisse tragen, die wir dann immer wieder auf das Kreuz Jesu legen dürfen, wie Pater Ubald uns dies nach seiner Weisung von oben an der zweiten Kreuzweg-Station vorgemacht hatte.

EIN GROSSER DANK
AN UNSERE LIEBEN PFARRER

Ohne unsere hier tätigen Pfarrer hätten wir niemals all das bislang Geschilderte, keines der vielen Wunder erleben dürfen. Sie erlaubten und förderten „unsere kleine Dorfgemeinschaft", den Arbeitskreis Weltkirche. Sie ließen es zu, dass Christa Kübler und all die anderen lieben Mitarbeiter des Arbeitskreises, die ich hier nicht alle persönlich nennen kann, so viel Gutes nach Ruanda bringen konnten. Ohne unsere Priester hätten wir alle die große Freude, die Liebe und den Glauben im Herzen Afrikas nicht empfangen können.

Aus vielen anderen Pfarrgemeinden höre ich oft Bedenken gegenüber der Weltmission: Die wollten uns nur unser Geld abnehmen, die dringend benötigten Spenden für unsere eigene Gemeinde abluchsen, lautet ein bekanntes Argument. Diese Bedenken kann ich zerstreuen. Denn, was haben wir in Graz in unserer Pfarrgemeinde erlebt? Sind wir etwa ärmer geworden?

Nein, wir waren immer die Beschenkten, immer die Beglückten. Durch das Testament von Bischof Damascène sind wir sogar mit Priestern versorgt worden, sodass wir in unserer Grazer Pfarrgemeinde täglich die Heilige Messe feiern können! Heute, wo überall über den Mangel an Priestern geklagt wird, haben wir dauerhaft einen in unsere Gemeinde gesandt bekommen. Gelobt sei Gott!

Wir sind keine Ausnahmeerscheinung unter den katholischen Gemeinden in Österreich. In jeder Pfarrgemeinde kann Gott alles, was wir erlebt haben, und noch viel mehr, möglich machen. Wir sind nichts Besonderes. Wir haben nur gelernt ja zu den Aufträgen Gottes zu sagen, die uns unmöglich erschienen und sind zum Beten auf die Knie gegangen. Und wir haben eines verstanden: Die Liebe zu Gott und die Liebe zu den Armen gehören zusammen.

Wie groß war die Freude, die unsere Handwerksmeister erfuhren, als sie für Monate oder Jahre in Afrika junge Menschen in den verschiedenen Handwerken ausbildeten. Nicht selten sprachen sie von der schönsten und sinnvollsten Zeit ihres Lebens, als sie wieder nach Österreich zurückkehrten.

Sie freuten sich über all das, was durch ihrer Hände Arbeit geschaffen worden war. Sie hatten so viele Lehrlinge ausgebildet, die schließlich wieder selbst zu Gesellen und Meistern wurden. Sie hatten gesehen, wie hunderte Wohnhäuser für die Ärmsten gebaut wurden. Sie erlebten die Dankbarkeit und Freude der Menschen dieses spirituell so reichen Landes. Sie wurden Zeugen des Wirkens eines großen Gottes.

Wie viele dieser Erfahrungen und Wunder wären uns entgangen, wenn wir in geiziger Art und Weise auf unsere Finanzen und kleinen Kräfte in der Gemeinde geschaut hätten. Unser lieber Pfarrer Thaller hatte den Blick in die Weltkirche ermöglicht, und Christa Kübler, seligen Angedenkens, entzündete mit großer Mühe ein Feuer für die Weltmission in uns.

Sie kam nach ihrem ersten Vortrag zu weiteren Katechesen in unsere Gemeinde und das Monat für Monat – über Jahre! Was hat sie bei uns Besonderes gesehen? Wahrscheinlich gar nichts! Konnte man bereits eine glimmende Glut des Glaubens erkennen? Das wäre schön, doch wahrscheinlich wirkten wir – Christa Kübler hat es uns nie verraten – für sie eher wie tote Stücke Holz, die darauf warteten, im Ofen der Liebe Gottes Feuer zu fangen.

Ein besonderes Geschenk Gottes war für mich, dass ich meine Kinder und einige meiner Enkelkinder in dieses geliebte Land mitnehmen konnte. Sie wurden, soweit ich weiß, nie neidisch auf mein Engagement für Ruanda und die Weltmission. Sie hätten Grund genug dazu gehabt. Wie oft war ich nicht in ihrer Nähe, weil ich für meine zweite Familie in Ruanda alle Mühe und Zeit aufwenden musste.

Mein Enkelsohn mit seinen besten Freund Emanuel.

Doch als meine Familie die Schönheit des Landes und seiner Kirche sahen, da waren auch sie begeistert und konnten verstehen, warum ich so viel Zeit und Energie für diese Menschen und für Gott opferte. Einen besseren Anschauungsunterricht, eine bessere Einführung in den christlichen Glauben, wie das Erleben der Kirche in Ruanda konnte meine Familie gar nicht bekommen.

GOTT ERSCHAFFT EINE UNSICHTBARE BRÜCKE FÜR DIE WELTMISSION

Zwischen meiner ersten Familie und Pfarrgemeinde in Graz-Karlau in Österreich und meiner zweiten Familie und Pfarrgemeinde in Nyamasheke in Ruanda hat sich im Laufe der Jahre eine unsichtbare Brücke der Weltmission gespannt. Diesen Eindruck bekam ich, als ich über die hier geschilderten Erfahrungen mit Gott nachdachte. Viele Geschenke und Gaben sind auf dieser Brücke hinüber und herüber geschickt worden – alles animiert von Gottes Barmherzigkeit.

„Einen freudigen Geber hat Gott lieb", heißt es in einem Brief des Apostels Paulus, in dem er um Spenden für die arm gewordene Urgemeinde in Jerusalem bettelt. Schon vor 2.000 Jahren glaubte Paulus, dass solche Brücken der Weltmission entstehen würden – und sie sind entstanden!

Gott lässt sich nichts schenken, lautet eine alte Regel aus der Mission. Es kommt immer mehr zurück, als man gegeben hat. Wir glaubten zunächst, die Menschen mit den uns hoch erscheinenden Geldsummen, mit ausrangierten Werkzeugen und Maschinen beschenken zu können. Doch in Wirklichkeit kamen wir, geistlich und glaubensmäßig gesehen, als ganz arme Schlucker nach Ruanda.

Wir waren, geistlich gesehen, arm und verwahrlost, als wir das erste Mal dort landeten. Und dann wurden wir mit so viel Liebe, Hoffnung und Freude – und auch mit der Kraft zur Versöhnung mit Gott und unter den Menschen, beschenkt.

Es erscheint vielen in Österreich unglaublich, dass unser kleiner Arbeitskreis mehrere Millionen Euro auftreiben konnte, aber in Wirklichkeit haben wir unzählbare geistliche Schätze erhalten – Schätze, die in der Ewigkeit Bestand haben werden. Nicht wir konnten hunderte Gebäude bauen, wie man denken könnte, sondern Gott ließ bauen. Er brauchte nur unser Ja und entzündete dann durch Seinen Geist unseren Glauben.

„Der Herr wird's machen", das habe ich immer wieder gebetet und das habe ich auch geglaubt. Und Er hat es getan! Mein bisschen Vertrauen in die Barmherzigkeit Gottes ist dadurch immer weitergewachsen. Wenn ich, bzw. wenn wir, denn ich war nie allein, zu einem Projekt, das uns der Bischof anvertraut hatte, „Ja" gesagt hatten, dann ist es auch umgesetzt worden. Gott kann!

Traudes Dank

Ich möchte der Gottesmutter danken für ihre ständige Fürbitte bei Gott. Und meinem Mann Franz für so viel Verständnis, dass ich nie Zeit hatte. Ganz besonders möchte ich auch meinem Freund Jaky, Jakob Weitlaner, danken. Nur durch seine Hilfe war dieses große Werk möglich, ohne seine Arbeit und Liebe hätte nichts davon Bestand gehabt. Er war es auch, der begonnen hat, über unsere Erlebnisse und unseren Einsatz zu schreiben. In „Ruanda – Spur der Freude" haben wir Jahr für Jahr unsere Begegnungen dokumentiert. Diese Notizen haben so viele Spuren der Freude hinterlassen!

Danke an das Ehepaar Karl und Christel. Danke an Thomas Pänitsch, Franz Klement, Wilfried Brosch und Karl Kumpitsch. Danke an Jutta Becker und Ursula Apolloner. Vor allem danke allen, die uns durch Spenden und Gebet unterstützt haben. Ohne ihre Hilfe wäre das alles nicht möglich gewesen. Und allen, die uns begleitet haben, bin ich sehr dankbar. Großen Dank auch an unsere Südtiroler Freunde Anton und Maria Luise.

Danken möchte ich auch den Priestern vor Ort. Pater Ubald hat uns bis zu seinem Tod liebevoll betreut. Durch sein Wirken haben wir eine Freundschaft mit Bischof Damascène aufbauen können. Und durch Pater Ubalds Nachfolger – Pater Jacques und Pater Alexis – haben wir nicht einfach eine Partnerschaft aufgebaut, wir haben eine tiefe Liebe erfahren.

Zuletzt möchte ich Gott danken, dass er mich gebrauchen konnte. Ich bin unendlich dankbar, dass ich an diesem großen Werk mitarbeiten und Teil dieser Gruppe sein durfte, die sich eingesetzt hat für die Ärmsten der Armen. Solange mir Gott die Gesundheit schenkt, werde ich weitermachen. Ich habe ihm gesagt: Wenn ich für deine Armen arbeiten darf, bin ich bereit, solange ich kann. Gott ist gut. Alles was er braucht, ist unser Ja.

Eure Traude Schröttner

Umgesetzte Projekte

1 Tischlerei
1 Schneiderei
1 Schlosserei
1 Maurerwerkstätte
1 Zimmermannswerkstätte
1 Elektrikerwerkstätte

NEUGEBAUT WURDEN:

21 Kirchen
4 Pfarrhäuser
2 Therapiezentren für Kinder mit Behinderung
1 Schulzentrum für Kinder mit Behinderung 6 Schulen
4 Kindergärten
1 Konvent für junge Frauen
2 Konvente für junge Männer 780 Witwenhäuser
1 kleine Gesundheitsstation
1 Kindergarten-Küche
2 Schulküchen
1 Bibliothek

UMGESETZT WURDE AUSSERDEM:

460 Patenschaften für Mädchen in weiterbildenden Schulen
Viele Patenschaften für Kinder mit Behinderung
1 Garten-Projekt
2 umfassende medizinische Behandlungen
für ruandische Priester in Österreich
Umfassende Hilfe im Zusammenhang mit Corona
(Hunger-Prävention und Hygiene-Maßnahmen)

DIE KIRCHE VON MAZHUYZA

Ein Projekt, über das wir uns besonders freuen, ist die Kirche von
Mazhuyza. Nachdem wir dort das große und teure Pfarrhaus gebaut
hatten, erschienen unsere Kräfte aufgebraucht. Und so war es ein außer-
ordentliches Wunder für uns, dort eine Kirche für 7.000 Menschen
bauen zu können. Mit Glockenturm! Und Grazer Glocken. Es war in
all den Jahren unser größtes Projekt. Es dauerte viele Monate, bis wir
die 200.000 Euro dafür zusammenhatten.

Die große Kirche von Mazhuyza

Franz Klement und Jakob Weitlaner mit einer der Glocken für Mazhuyza

HERZLICHEN DANK
FÜR DIE ZURVERFÜGUNGSTELLUNG
DES BILDMATERIALS AN:

Dr. Ursula Apolloner

Dipl. Inform. Jutta Becker

Karin Reibnegger

Edeltraud Schröttner

Gottfried Wölfl